Acuario

El editor agradece a Rudy Stauder, director de Astra, su valiosa colaboración.

Diseño gráfico de la cubierta de © YES.
Fotografía de la cubierta de © Andy Zito/Getty Images.

Doris Saltarini
con la colaboración de Chiara Bertrand

Acuario

De Vecchi
DVE Ediciones

Índice

Introducción

¿Por qué acepté con entusiasmo la propuesta de escribir un libro sobre Acuario? Por muchas razones, todas ellas válidas, aunque la principal es que este signo siempre ha despertado en mí una profunda admiración.

Acuario, regido por dos planetas tan distintos como Saturno y Urano, encierra una riqueza de matices infinita. Es el puente entre lo antiguo y lo moderno, una síntesis entre las tradiciones y los valores del pasado y los impulsos visionarios y tecnológicos del futuro. Es el signo de la nueva era, la Era de Acuario, que en estos tiempos ha dado sus primeros pasos, prometiendo un horizonte de solidaridad y comunión entre todos los seres humanos, más allá de las barreras de raza, cultura, religión o condición socioeconómica.

Las personas nacidas bajo este signo, o aquellas con una marcada influencia de Acuario en su carta natal, suelen destacar por su apertura mental y carisma inigualable. Suelen ser anticonformistas, con un deseo innato de superar los límites de la realidad cotidiana y explorar horizontes más amplios. Son individuos de múltiples intereses, sinceros en sus pasiones y comprometidos con proyectos humanitarios. No temen alzar la voz en defensa de quienes sufren o necesitan ayuda, mostrando una admirable capacidad para empatizar y actuar.

Lo que más me fascina de Acuario es su ausencia de prejuicios y su inagotable originalidad, junto con su permanente disposición a experimentar y a encontrar conexiones insospechadas. Este deseo de explorar nuevos aspectos de la vida otorga frescura y dinamismo a su existencia, convirtiéndola en un constante descubrimiento.

Debo confesar que, gracias a mi ascendente Acuario, muchos de estos rasgos forman parte de mi día a día. He aprendido que

estas cualidades son una fuente de inspiración y vitalidad, capaces de aligerar las cargas de la vida y transformarlas en experiencias más alegres y despreocupadas. Esta energía acuariana, siempre dispuesta a abrazar el cambio y afrontar lo desconocido con confianza, es lo que hace la vida interesante, dinámica y llena de posibilidades.

Finalmente, uno de los grandes méritos de este signo idealista y soñador es su capacidad para mirar la naturaleza con una perspectiva única. Acuario sabe apreciar cada matiz, cada detalle, y encontrar en ellos una poesía que los demás a menudo pasamos por alto. Es un recordatorio constante de la belleza que nos rodea y de la importancia de mantener viva nuestra conexión con ella.

Doris Saltarini

Primera parte

... DEDICADO A TODOS LOS ACUARIO

por *Doris Saltarini*

Mitología y simbolismo

El signo zodiacal de Acuario se representa comúnmente con dos líneas onduladas horizontales. Este antiguo glifo, que tiene sus orígenes en el Egipto faraónico, simboliza la superficie del agua, fuente de vida y don divino. En la cultura egipcia, estas ondulaciones evocaban las aguas periódicas y fecundas del Nilo, por las cuales se ofrecían agradecimientos a las divinidades.

El término *Aquarius*, del latín, significa "portador de agua". El undécimo signo del zodiaco es usualmente personificado como un hombre que sostiene un cántaro inclinado, del que fluye agua de manera constante. Esta agua no es simplemente un líquido, sino una metáfora poderosa: el Agua del Conocimiento que se transmite a las nuevas generaciones; el Agua de la Vida que, al fusionarse con el Aire, une materia y espíritu, integrando las energías humanas y cósmicas.

Mitos asociados a Acuario

Los mitos griegos que resuenan con la esencia de este signo nos ayudan a comprender su naturaleza profunda y el camino hacia su autorrealización. Entre ellos destacan las historias de Ganímedes, Deucalión y Pirra, Hefesto y Prometeo.

El mito de Ganímedes narra la historia de un príncipe troyano cuya belleza conquistó a Zeus. Transformado en águila, el dios descendió desde el Olimpo y raptó al joven mientras este pastoreaba los rebaños de su padre. Ganímedes fue llevado al cielo y nombrado copero de los dioses, encargado de verter el néctar divino, la bebida de la inmortalidad. Zeus, como tributo, lo inmortalizó en las estrellas bajo la figura de Acuario, el portador del cántaro.

La leyenda de Deucalión y Pirra describe un diluvio enviado por Zeus para purificar el mundo de los errores y debilidades humanas. Advertido por su padre, Prometeo, Deucalión construyó un arca donde se refugió junto a su esposa, Pirra. Durante nueve días y noches, las aguas cubrieron Grecia hasta que, finalmente, el arca encalló en el monte Parnaso. Allí, la pareja pidió a un oráculo que les guiara para repoblar la Tierra. La respuesta fue enigmática: debían lanzar por encima de sus hombros los "huesos de la Gran Madre". Comprendiendo que se refería a las piedras de la Tierra, lo hicieron, y estas se transformaron en hombres y mujeres, marcando el renacimiento de la humanidad. Este mito resalta la solidaridad y la comunión, valores fundamentales de Acuario, que inspiran el progreso y la superación del individualismo en favor de metas comunes.

Hefesto, por su parte, es otro mito significativo relacionado con Acuario. Este dios del fuego, rechazado por su propia familia debido a su apariencia y limitaciones físicas, fue acogido y amado por las ninfas en la isla de Lemnos. Allí, Hefesto desarrolló un talento prodigioso como artesano y herrero, destacándose por su ingenio y creatividad. Sin embargo, su carácter ambivalente refleja las contradicciones de Acuario: una inclinación hacia ideales elevados y altruistas, combinada con tendencias egocéntricas y utópicas. Hefesto personifica el deseo de conectar profundamente con otros, pero también la lucha por equilibrar sueños elevados con acciones prácticas.

La Era de Acuario

La Era de Acuario, iniciada entre 1970 y 1980, abarca un período de 2.160 años, como todas las eras zodiacales. Es un tiempo de proyección hacia el futuro, marcado por avances tecnológicos, descubrimientos espaciales y la búsqueda de nuevos paradigmas en la relación entre la humanidad y el cosmos. Urania, la diosa de la astronomía, es un símbolo clave de esta era, estrechamente vinculada a las aspiraciones y metas de Acuario.

Los principios que guiarán tanto a la humanidad como a cada individuo acuariano en los próximos dos milenios incluyen la hermandad universal, la cooperación y la comunicación en todos los niveles. Estos valores, esenciales para el progreso colectivo, también representan los desafíos personales de quienes nacen bajo este signo.

Agua purificadora y transformación

El diluvio universal, presente en múltiples tradiciones, simboliza un renacimiento tras la purificación. En el contexto de Acuario, este proceso implica abandonar prejuicios y viejas estructuras para construir nuevos espacios de convivencia más amplios y universales. El agua, en este caso, no solo limpia, sino que guía hacia una existencia renovada y en armonía con valores humanitarios.

¿Está seguro de pertenecer al signo Acuario?

Si ha nacido el 20 o el 21 de enero puede verificarlo en la siguiente tabla. Los datos se refieren a las horas 0 de Greenwich. Para los nacidos en España, es necesario añadir una o dos horas al horario (véase tabla de la pág. 55).

día	hora	min	día	hora	min	día	hora	min
21.1.1903	5	14	20.1.1939	22	51	20.1.1975	16	37
21.1.1904	10	58	21.1.1940	4	44	20.1.1976	22	25
20.1.1905	16	52	20.1.1941	10	34	20.1.1977	4	15
20.1.1906	22	43	20.1.1942	16	24	20.1.1978	10	4
21.1.1907	4	31	20.1.1943	22	19	20.1.1979	16	0
21.1.1908	10	28	21.1.1944	4	7	20.1.1980	21	49
20.1.1909	16	11	20.1.1945	9	54	20.1.1981	3	36
20.1.1910	21	59	20.1.1946	15	45	20.1.1982	9	31
21.1.1911	3	52	20.1.1947	21	32	20.1.1983	15	17
21.1.1912	9	29	21.1.1948	3	19	20.1.1984	21	5
20.1.1913	15	19	20.1.1949	9	9	20.1.1985	2	58
20.1.1914	21	12	20.1.1950	15	0	20.1.1986	8	47
21.1.1915	3	0	20.1.1951	20	52	20.1.1987	14	41
21.1.1916	8	54	21.1.1952	2	39	20.1.1988	20	25
20.1.1917	14	37	20.1.1953	8	22	20.1.1989	2	7
20.1.1918	20	25	20.1.1954	14	11	20.1.1990	8	2
21.1.1919	2	21	20.1.1955	20	2	20.1.1991	13	48
21.1.1920	8	4	21.1.1956	1	49	20.1.1992	19	33
20.1.1921	13	55	20.1.1957	7	39	20.1.1993	1	23
20.1.1922	19	48	20.1.1958	13	29	20.1.1994	7	8
21.1.1923	1	35	20.1.1959	19	19	20.1.1995	13	1
21.1.1924	7	28	21.1.1960	1	10	20.1.1996	18	53
20.1.1925	13	20	20.1.1961	7	1	20.1.1997	0	43
20.1.1926	19	13	20.1.1962	12	58	20.1.1998	6	47
21.1.1927	1	12	20.1.1963	18	54	20.1.1999	12	38
21.1.1928	6	57	21.1.1964	0	41	20.1.2000	18	24
20.1.1929	12	42	20.1.1965	6	29	20.1.2001	0	17
20.1.1930	18	33	20.1.1966	12	20	20.1.2002	6	2
21.1.1931	0	18	20.1.1967	18	8	20.1.2003	11	54
21.1.1932	6	7	20.1.1968	23	54	20.1.2004	17	43
20.1.1933	11	53	20.1.1969	5	39	19.1.2005	23	23
20.1.1934	17	37	20.1.1970	11	24	20.1.2006	5	16
20.1.1935	23	28	20.1.1971	17	13	20.1.2007	12	2
21.1.1936	5	12	20.1.1972	22	59	20.1.2008	17	45
20.1.1937	11	10	20.1.1973	4	49			
20.1.1938	16	59	20.1.1974	10	46			

CARNET DE IDENTIDAD DE ACUARIO	
Elemento:	aire
Calidad del signo:	fijo, masculino
Planetas dominantes:	Urano y Saturno
Longitud en el zodiaco:	de 300° a 330°
Estrellas fijas:	Altair, Delfín
Colores:	gris, antracita, plata, verde brillante, negro
Números:	5, 11, 8
Día de la semana:	sábado
Piedra:	cuarzo, zafiro, granate, coral negro
Metales:	plomo, níquel
Perfumes:	helecho, muguete, lavanda
Plantas:	chopo, musgo
Flores:	narciso, margarita, abedul
Animales:	cigüeña, gaviota, cordero
Lema:	Yo comunico
Amuleto:	un objeto de nácar
Estados, regiones y ciudades:	Rusia, Dinamarca, Suecia, Trento, Hamburgo y Bremen

Psicología y características del signo

La personalidad

La personalidad de Acuario

Los nativos de Acuario destacan por su personalidad única, marcada por la originalidad, el anticonformismo y la ausencia de prejuicios. Son personas que disfrutan rodeándose de amigos con quienes planear proyectos fuera de lo común, extravagantes y divertidos, que rompan con la monotonía y las normas habituales.

Regidos por Urano, planeta asociado al progreso y la tecnología, los Acuario tienen una inclinación natural hacia las ideologías de vanguardia y las innovaciones. Siempre dispuestos a ser pioneros, se lanzan con valentía a nuevas experiencias y luchan incansablemente por aquello en lo que creen, incluso cuando ello implique asumir riesgos personales.

Grandes idealistas, los Acuario se entregan con pasión a causas de humanidad y solidaridad universal. Sin embargo, su entusiasmo absoluto por ciertos ideales puede hacerlos intransigentes, especialmente cuando defienden posiciones utópicas difíciles de materializar. Esta dualidad refleja su compleja relación con los valores que abrazan: por un lado, un profundo altruismo; por otro, la tendencia a frustrarse ante la realidad.

Amistad, relaciones y la Undécima Casa

Acuario está asociado con la Undécima Casa, que simboliza la amistad, las relaciones desinteresadas y la armonía entre el mundo interior y el exterior. Para los nativos de este signo, la amistad ocupa un lugar primordial, incluso por encima de las relaciones de pareja. Siempre buscan metas comunes que puedan compartir con otros, pero si no encuentran personas igualmente altruistas y dispuestas,

pueden volverse introvertidos o, en el extremo, rebeldes y opositores de las normas. Este rasgo explica su tendencia a veces anárquica y su rechazo a estructuras que consideran limitantes.

Estilo y originalidad

En su forma de vestir, los Acuario reflejan su esencia creativa y única. Siempre destacan por algún detalle extravagante o inconfundible, desafiando las tendencias convencionales. No se trata de una actitud esnob; simplemente, la uniformidad y la falta de personalidad en la moda no encajan con ellos. A menudo, son precursores de nuevas tendencias que intuyen antes que nadie, aunque pronto se cansan de ellas y buscan algo diferente.

Espíritu libre e independiente

La independencia es un pilar fundamental en la vida de un Acuario. Necesitan autonomía y libertad tanto en su vida cotidiana como en sus relaciones. Una pareja celosa, posesiva o demasiado planificadora encontrará grandes dificultades para entenderlos. Los Acuario son imprevisibles y están constantemente en busca de novedades, aunque no siempre están dispuestos a aceptar cambios sugeridos por los demás.

Ambición y éxito

La ambición material y el éxito social no suelen ser sus prioridades, especialmente si implican competencia agresiva o ritmos de vida frenéticos. Sin embargo, cuando un Acuario sigue su verdadero camino, actúa con habilidad, intuición y racionalidad para alcanzar metas altruistas. Son magnéticos, convincentes y hábiles a la hora de inspirar a otros a compartir sus ideales.

Emociones y decisiones

Una de las características más distintivas de los Acuario es su tendencia a mantener cierta distancia emocional. Prefieren analizar las situaciones antes de involucrarse profundamente. Si consideran que algo no es correcto o que no les beneficia, no dudarán en cortar lazos o terminar colaboraciones, sin mirar atrás. Su mirada está casi siempre puesta en el futuro, lo que, aunque les permita avanzar, puede causar dolor a quienes esperan mayor compromiso emocional.

Fascinación y magnetismo

A pesar de su imprevisibilidad y complejidad, los Acuario tienen un magnetismo natural que atrae y conquista a quienes cruzan su camino. Su capacidad para inspirar y su enfoque progresista los convierten en personas fascinantes, cuyo destino deja una huella imborrable en los demás.

El pequeño Acuario

Desde temprana edad, el niño Acuario destaca por su originalidad e ingenio. Su personalidad, marcada por una fuerte necesidad de autonomía, se expresa en su constante curiosidad y deseo de comprender y razonar sobre el mundo que lo rodea.

Es sociable y disfruta de tener muchos amigos con quienes compartir ideas y emociones. Tiende a establecer un diálogo abierto y espontáneo con sus padres, siempre que estos no le impongan reglas rígidas o principios inquebrantables. Para él, es fundamental entender el "porqué" de las cosas, más que simplemente obedecer una autoridad severa y autoritaria.

Aunque su espíritu rebelde y su inclinación a protestar pueden manifestarse desde pequeño, es importante gestionarlo con tacto. En lugar de imponer castigos o intervenir de forma directa, es mejor guiarlo con discreción, ya que la imposición suele generar efectos contraproducentes.

El pequeño Acuario mira siempre hacia el futuro. Se siente naturalmente atraído por la tecnología y los avances del progreso. Lo veremos entusiasmado jugando con videojuegos, aparatos modernos, juegos de construcción, mecánica o electricidad. Su fascinación por lo nuevo lo lleva a explorar, descubrir cómo funcionan los objetos y, posteriormente, compartir sus hallazgos con amigos y seres queridos.

No obstante, también muestra una sensibilidad especial hacia la naturaleza, los animales y algunas formas de expresión artística, lo que equilibra su inclinación tecnológica con un aprecio por la belleza natural.

La mujer Acuario

Nacida bajo el signo más amante de la libertad, la mujer Acuario es casi siempre autónoma y autosuficiente en todos los aspectos de su vida. Busca construir una independencia económica que le permita tomar sus propias decisiones sin tener que rendir cuentas a nadie. Detesta las restricciones y las imposiciones, ya sea en su vida personal o profesional.

En sus relaciones, exige respeto por sus elecciones. No tolera los celos ni el afán de posesión, que para ella son señales de inseguridad y falta de confianza. Es una mujer fascinante y enigmática, capaz de mostrar distintos aspectos de su personalidad: a veces dulce y apasionada, otras, distante y reservada. Aunque no es comúnmente ardiente o irresistible, se distingue por ser sensible y respetuosa con los sentimientos ajenos.

Para la mujer Acuario, la amistad y la solidaridad son valores fundamentales, a menudo prioritarios sobre las relaciones románticas. Su espíritu aventurero la lleva a buscar experiencias nuevas y extravagantes, por lo que no suele vincularse con personas demasiado tradicionales. Es creativa y curiosa, y sabe desarrollar sus aficiones e intereses con dedicación y entusiasmo.

Como madre, inculca en sus hijos principios de altruismo, respeto y humanidad. Fomenta un diálogo abierto y libre de prejuicios, promoviendo su desarrollo personal y emocional. En una relación de pareja, será una compañera leal, atenta y sincera, dispuesta a enriquecer la vida conjunta con viajes, intereses compartidos y una activa vida social.

El hombre Acuario

El hombre Acuario es, por naturaleza, un espíritu libre que se manifiesta en todos los ámbitos de su vida. Rechaza las obligaciones y cualquier restricción que limite su independencia, y vive constantemente proyectado hacia el futuro y las innovaciones.

En el amor, no es fácil llevarlo al matrimonio, ya que tiende a cuestionar la necesidad de formalizar una unión sentimental. Siente una aversión natural por la burocracia y las reglas rígidas, aunque

respeta profundamente los deseos y necesidades de los demás. Es un hombre sencillo, de buen gusto y galante, que busca conexiones profundas en distintos niveles.

Aunque no suele ser extremadamente pasional, posee un gran atractivo, inteligencia e intuición. Una vez que decide establecerse con una pareja, puede ser fiel y afectuoso, aunque nunca abandona por completo su deseo de aventura y su espíritu inquieto. La rutina y la monotonía no son compatibles con su carácter, ya que siempre encuentra formas de estimular su vida y la de quienes lo rodean.

Las amistades ocupan un lugar central en su vida. Es generoso y comprensivo, aunque no siempre constante en mantener los vínculos. Confía de forma espontánea, pero si alguien lo decepciona, no duda en cortar la relación sin explicaciones.

En el ámbito laboral, si el trabajo le apasiona, se entrega por completo y suele obtener excelentes resultados gracias a su inteligencia analítica, reflejos rápidos e intuición para resolver problemas. Sin embargo, no tolera ambientes laborales cerrados o dominados por reglas estrictas; necesita un entorno donde pueda mantener su autonomía.

En resumen, el hombre Acuario es un visionario que combina libertad, creatividad y respeto por los demás, aunque siempre fiel a su independencia y sus ideales.

La Amistad

La tradición sitúa al signo zodiacal del Acuario en estrecha correlación con la Undécima Casa, la de las amistades. De hecho, para estos nativos la amistad es un valor muy importante que a veces tienden a idealizar y a ver de la forma más sublime posible.

El Acuario es, por su íntima naturaleza, el amigo perfecto, dispuesto a hacer sacrificios y renuncias en nombre de la persona que ha conquistado su confianza y su afecto. Con los verdaderos amigos ama compartir altos ideales y proyectos para el futuro, sueños de paz y de solidaridad entre todos los seres vivos. De todos modos, con ellos comparte también otros intereses, de diverso tipo, que satisfacen su curiosidad y el deseo de renovación y de transformación continua. Sabe identificarse con

los problemas ajenos, aunque su disponibilidad a menudo no es constante sino regulada por los entusiasmos del momento. Esta discontinuidad no se debe interpretar como insensibilidad, sino sencillamente como expresión de una naturaleza móvil y rica que necesita numerosos contactos e intercambios recíprocos. También en este sector precisa un respeto mutuo y libertad, además de una extrema corrección en el comportamiento; si estos valores faltan, rompe sin dudar la relación. Difícilmente vuelve sobre sus pasos porque ya no consigue restablecer los sentimientos precedentes y la espontaneidad.

El nativo Acuario tiene una vida social muy rica y variada, de hecho le gusta frecuentar ambientes distintos y personas extravagantes, con ideas originales y gustos insólitos. Sabe organizar muy bien encuentros y citas uniendo, a menudo un poco al azar, a personas de ambientes y costumbres completamente distintas entre ellas.

Evolución

Acuario es el tercer signo de Aire, junto a Géminis y Libra, y se asocia con el intercambio, la comunicación y la adaptabilidad. Cada signo del elemento Aire tiene su propio enfoque: Géminis sobresale en la mente y las dotes oratorias, en el comercio y las relaciones sociales; Libra realza las relaciones de pareja, los sentimientos y la búsqueda de armonía; mientras que Acuario trasciende estos niveles para enfocarse en ideales más amplios, como la amistad, el trabajo en equipo y los objetivos sociales y humanitarios.

Acuario está regido por dos planetas opuestos: **Saturno** y **Urano**. Saturno representa el deber, el esfuerzo y las realizaciones concretas que se logran paso a paso en la cotidianidad. Urano, por otro lado, simboliza entusiasmo, innovación y aspiraciones hacia metas elevadas, a menudo utópicas, que van más allá de lo tangible.

Los nacidos bajo este signo tienen como misión comunicarse de manera auténtica y profunda, superando prejuicios y esquemas rígidos que limitan su expresión personal. Este proceso implica liberar su esencia y desarrollar autonomía y libertad, dejando atrás

restricciones y abrazando relaciones amplias y colaborativas tanto en el ámbito personal como profesional.

El camino evolutivo de Acuario exige superar el individualismo y el egocentrismo para construir estructuras más inclusivas y participativas. No toleran limitaciones a su libertad ni la compañía de personas que no compartan sus ideales o aspiraciones. Aunque el cambio es su esencia, pueden temer perder lo que poseen o quedarse solos en el proceso. Sin embargo, su intuición y habilidad para adaptarse les permiten avanzar y revelar su verdadero potencial.

Una tendencia a evitar es el idealismo desmedido, que puede alejarlos de la realidad práctica y conducirlos a perseguir metas inalcanzables. Para evolucionar plenamente, deben esforzarse por mantener los pies en la tierra y convertir sus grandes ideales en acciones concretas.

La casa de un Acuario

El hogar de un Acuario refleja su personalidad creativa y poco convencional. No suelen ser amantes del orden perfecto; para ellos, una casa "vivida" resulta mucho más interesante que un espacio impecablemente organizado.

Prefieren ambientes cómodos, con grandes cojines y sofás donde sus numerosos amigos y huéspedes puedan sentirse a gusto. Es común encontrar objetos únicos, piezas raras o extravagantes, que combinen elementos antiguos con modernos, siempre con una inclinación hacia el diseño vanguardista. Las habitaciones amplias y llenas de luz, decoradas con cuadros que reflejan sus ideales y su conexión con el futuro, son el espacio ideal para un Acuario.

Aficiones

Para un Acuario, el tiempo libre es sagrado. Lo aprovechan al máximo, combinando intereses variados con una vida social activa. Disfrutan de actividades que fomenten relaciones armoniosas y vitales, desde salidas al cine, teatro y exposiciones,

hasta momentos tranquilos en la naturaleza, observando animales con curiosidad y ternura.

Los deportes también son una parte importante de su vida, especialmente aquellos en equipo, donde pueden destacar por su rapidez y capacidad de liderazgo. Su versatilidad les permite adaptarse a cualquier disciplina, siempre que sea una elección propia y no por presión externa. Deportes como el atletismo, la equitación, la esgrima e incluso el ala delta les resultan especialmente atractivos.

Además, su fuerte sentido de fraternidad universal los lleva a dedicar parte de su tiempo a causas humanitarias. Suelen formar parte de asociaciones que defienden los derechos humanos, los animales y el medio ambiente, promoviendo proyectos que trascienden las barreras de raza, cultura y religión.

Regalos, colores y perfumes

Si quieres sorprender a un Acuario, opta por regalos que sean únicos o relacionados con sus intereses. Libros, suscripciones a revistas sobre temas humanitarios, tecnología de vanguardia o gadgets modernos serán siempre bien recibidos. También aprecian objetos prácticos para el hogar, como electrodomésticos que les ahorren tiempo, o elementos decorativos fuera de lo común.

En cuanto a colores, los tonos **grises perla, antracita y plata** son los más adecuados para ellos, aportándoles serenidad y equilibrio. También les favorecen los verdes brillantes y, en ocasiones, el negro como acento en vestuario o decoración.

Estudios - profesiones - dinero

Estudios ideales

El nativo de Acuario se caracteriza por su vitalidad y curiosidad en el ámbito académico. Se entusiasma rápidamente con las materias que despiertan su interés, aunque no siempre mantiene la constancia para profundizar en ellas o para abordar sus estudios con precisión y disciplina. Su inteligencia intuitiva le permite comprender conceptos complejos, siempre que estos resuenen con sus inquietudes personales.

En la escuela, Acuario destaca por su independencia, simpatía y sociabilidad. Es especialmente hábil en actividades que requieren colaboración y cooperación con sus compañeros, donde los trabajos en equipo se convierten en su punto fuerte. Su tendencia a compartir descubrimientos y su entusiasmo lo posicionan como un mediador natural y pacificador entre sus iguales.

El Acuario tiene una notable afinidad por los estudios científicos, técnicos e industriales. Sobresale en disciplinas como matemáticas, física, electrónica industrial, electrotecnia y construcciones aeronáuticas. Para aquellos que no se inclinan por un recorrido académico prolongado, cursos prácticos de electromecánica o electricista pueden ser opciones ideales, en los que destacará gracias a su habilidad manual.

Su amor por la tecnología y los avances más modernos lo convierte en un candidato idóneo para carreras relacionadas con la electrónica y la informática. Además, su creatividad e inclinación hacia lo experimental lo predisponen también hacia estudios artísticos, donde puede dar rienda suelta a su inconformismo y deseo de innovación.

Salidas profesionales

En el ámbito laboral, Acuario destaca por su espíritu rebelde e intolerancia hacia las reglas rígidas y los horarios estrictos. En entornos donde la jerarquía es inflexible y la apertura mental brilla por su ausencia, se siente atrapado y, tarde o temprano, buscará una salida. Prefiere un empleo menos remunerado pero estimulante y que le permita expresarse, a un puesto de prestigio que reprima su libertad de pensamiento y acción.

El éxito llega cuando encuentra un trabajo que lo entusiasme y lo desafíe intelectualmente. Por el contrario, las actividades monótonas y rutinarias tienden a frustrarlo y desmotivarlo. Por ello, tareas administrativas, trabajos de precisión o aquellas que exigen estricta metodología no suelen ser adecuadas para su naturaleza libre y creativa.

Acuario puede brillar en campos relacionados con los medios de comunicación, como el cine, la televisión o el periodismo, gracias a su intuición, inventiva y capacidad para captar situaciones significativas. Su afinidad con la tecnología y el progreso lo hace especialmente apto para profesiones en los campos de la informática y la ingeniería.

Aunque no son competitivos ni arribistas, pueden ser diplomáticos y estratégicos cuando lo necesitan. Para tener éxito, deben encontrar un equilibrio entre su naturaleza independiente y la disposición a comprometerse cuando sea necesario. Excesos de testarudez o anarquía pueden ser perjudiciales para su carrera.

Las profesiones humanitarias también son ideales para Acuario. Pueden destacarse como psicólogos, sociólogos o sindicalistas, siempre que mantengan un enfoque práctico y eviten perderse en metas utópicas e inalcanzables.

Dinero

Para Acuario, el dinero no es un objetivo central en la vida, sino un medio para mantener una existencia interesante y variada. Les gusta utilizar sus ingresos para cultivar sus múltiples aficiones e intereses, que a menudo pueden ser costosos. Invierten con gusto

en mejorar su hogar, adquiriendo objetos prácticos y decorativos que lo hagan cómodo y funcional, especialmente para recibir a amigos y conocidos.

Aunque no tienden a ahorrar, tampoco son derrochadores irresponsables. Prefieren gastar en tecnología, electrodomésticos y dispositivos que les ahorren tiempo, reflejando su naturaleza pragmática y moderna. No acumulan dinero por avaricia, pero tampoco se preocupan excesivamente por ello, lo que suele evitarles problemas financieros.

Acuario tiene un buen olfato para los negocios y difícilmente cae en engaños. Poseen una intuición aguda que les permite aprovechar buenas oportunidades para avanzar en su carrera o incrementar sus ingresos. Aunque no son manipuladores, saben cuándo ser astutos y cómo actuar en el momento adecuado.

El amor

Ella

La mujer Acuario en el amor y la vida

Independiente y libre, la mujer Acuario responde únicamente ante sí misma por sus acciones y decisiones, incluso en el ámbito amoroso. Sin embargo, esta autonomía no la convierte en una persona intransigente o distante. Al contrario, valora profundamente el respeto mutuo y está dispuesta a conceder a su pareja el mismo espacio personal que exige para sí misma.

Sus altos ideales humanitarios, combinados con una personalidad interesante y estimulante, la convierten en una compañía enriquecedora. Llena de entusiasmo y con numerosas aficiones, siempre está deseosa de explorar cosas nuevas. Mantener una conversación con ella es un verdadero placer, ya que sus intereses abarcan todos los campos del conocimiento humano, con especial énfasis en los valores de igualdad, solidaridad y respeto por la naturaleza y los animales.

Lo que busca en una pareja

En su compañero, la mujer Acuario busca afinidades electivas, una conexión mental profunda y una actitud positiva hacia el futuro. Disfruta compartiendo con él ideas originales, proyectos inusuales y experiencias novedosas. Es una amante de las improvisaciones, los cambios de planes y las personas con un toque fuera de lo común.

Para ella, una relación debe basarse en la absoluta igualdad de derechos y deberes. Su espíritu emancipado y moderno la lleva a rechazar cualquier tipo de mentalidad machista, lo que la convierte en una de las mujeres más liberales y avanzadas del zodiaco.

Sensibilidad y afecto

A pesar de su mentalidad abierta y su disposición a compartir, la mujer Acuario no siempre expresa abiertamente sus sentimientos con afecto y ternura. Su sensibilidad está equilibrada por una cierta distancia emocional y una racionalidad característica. En el ámbito sexual, es exigente y segura de lo que necesita, buscando una conexión que sea satisfactoria para ambos. Sin embargo, el sexo no ocupa el primer lugar en su lista de prioridades; para ella, una relación implica mucho más que una atracción física.

Relación y compromiso

No es raro que la mujer Acuario establezca relaciones afectivas libres y anticonformistas. Si no está completamente convencida de la relación, evita hacer promesas o establecer demandas. Vive el momento con espontaneidad, sin preocuparse innecesariamente por el futuro. Sin embargo, cuando encuentra a la persona adecuada, se compromete sin problemas. En esos casos, busca un matrimonio o una relación estable donde pueda dar y recibir afecto recíproco.

Vida doméstica

En el hogar, la mujer Acuario es hospitalaria y cordial con amigos, conocidos y vecinos. Sin embargo, no disfruta de las tareas rutinarias y prácticas de la casa, que suelen pesarle. Cuando le es posible, delega estas actividades a una colaboradora doméstica, ya que la monotonía no encaja con su naturaleza creativa y libre.

Expectativas en la relación

A veces, idealiza en exceso la relación de pareja, esperando una perfección que puede no ser realista. Esto puede llevarla a ignorar que su compañero, como cualquier ser humano, tiene debilidades y defectos. A pesar de ello, es ella quien usualmente inyecta vitalidad a la relación, tomando la iniciativa y animando a su pareja a participar en nuevas y emocionantes aventuras.

Él

El hombre Acuario en el amor

El hombre Acuario es extremadamente autónomo, lleno de intereses y difícilmente se dejará condicionar o limitar por el amor. Para él, la libertad y la exploración de nuevas experiencias son prioridades. Se siente atraído por mujeres que posean una personalidad única, con un toque de extravagancia o talento especial.

Juventud y relaciones libres

En sus años jóvenes, tiende a evitar compromisos serios, prefiriendo relaciones que le permitan cultivar sus intereses y manejar su tiempo sin rendir cuentas a nadie. Esta actitud refleja su deseo constante de cambio y su rechazo a las restricciones.

Exigente en el amor

Cuando decide comprometerse seriamente, busca el máximo en todos los niveles. Es pretencioso en sus relaciones, tanto afectivas como físicas, pero también es un compañero atento y equilibrado. En el ámbito sexual, el hombre Acuario es uno de los más desinhibidos del zodiaco. Su creatividad y ausencia de tabúes lo convierten en un amante original y fantasioso, y espera que su pareja comparta esta misma apertura.

Afecto y emociones

Aunque es amable y atento con las necesidades de su pareja, no siempre es expresivo o tierno. Prefiere relaciones equilibradas y racionales, alejadas de dramas, discusiones intensas o reconciliaciones melodramáticas. Su enfoque es objetivo: evalúa los aspectos positivos y negativos de la relación para tomar decisiones informadas.

Vida en pareja

La vida con un hombre Acuario es emocionante y variada. Viajes, planes improvisados, veladas en compañía alegre, visitas al cine, exposiciones, teatro y actividades deportivas forman parte de su día a día. Sin embargo, una mujer demasiado tradicional o

hogareña puede tener dificultades para seguir su ritmo. Todo lo repetitivo, como celebraciones familiares o rutinas dominicales, tiende a irritarlo y hacerlo sentir atrapado. Para él, el amor debe ser diferente, moderno y anticonformista, lleno de espontaneidad y frescura.

Compromiso

No es fácil que el hombre Acuario dé el gran paso hacia el matrimonio, pero si encuentra una compañera que respete su libertad y lo acompañe en sus aventuras, puede ser muy feliz alternando su naturaleza independiente con la tranquilidad de un hogar sereno.

Relaciones con los demás signos: las parejas

Acuario y Aries

Esta pareja tiene grandes posibilidades de éxito. El apasionado Aries puede arrastrar al más tranquilo Acuario hacia experiencias llenas de entusiasmo y aventura. Por su parte, Acuario introduce a Aries en sus ideales elevados y aspiraciones sociales. Ambos comparten el amor por la novedad y lo inesperado, lo que los convierte en una pareja dinámica y vital. Disfrutan juntos del deporte, la naturaleza y otras actividades emocionantes. En el ámbito sexual, tienen una excelente conexión, donde la creatividad de Acuario complementa el apasionamiento de Aries. Sin embargo, Aries deberá evitar los celos, ya que esto podría crear tensiones innecesarias.

Acuario y Tauro

La calma y estabilidad de Tauro atraen al inquieto Acuario, ofreciéndole un sentido de seguridad y paz. Sin embargo, las ganas de libertad y el anticonformismo de Acuario pueden provocar tensiones con Tauro, que tiene tendencia a ser posesivo y celoso. Ambos signos son testarudos y suelen tener dificultades para ceder o llegar a compromisos, lo que puede complicar la relación. A pesar de estas diferencias, Tauro aporta un sentido práctico que muchas veces falta en Acuario. En el plano sexual, la

fuerte sensualidad de Tauro despierta la curiosidad creativa de Acuario, siempre y cuando la relación esté libre de restricciones o control excesivo.

Acuario - Géminis

Dos signos de Aire que comparten una gran afinidad en comunicación, socialización e intercambio de ideas. Ambos disfrutan explorando intereses diversos y fomentando relaciones sociales ricas y variadas. A nivel intelectual, se entienden perfectamente: Acuario fascina a Géminis con su anticonformismo, mientras que Géminis conquista a Acuario con su ingenio y habilidad para comunicarse. Aunque pueden surgir problemas debido a una cierta tendencia al egoísmo y oportunismo que ambos podrían compartir, su falta de celos y posesividad crea una convivencia basada en el respeto mutuo. Su vida sexual tiende a ser más cerebral que pasional, pero esto no resta satisfacción a una relación que puede ser duradera y gratificante.

Acuario - Cáncer

Una pareja complicada debido a las diferencias fundamentales en sus caracteres. Mientras Cáncer, signo de Agua, es sensible, receptivo y busca seguridad emocional, Acuario, como signo de Aire, es más desapegado y enfocado en la libertad personal. Cáncer anhela estabilidad y afecto constante, mientras que Acuario teme el compromiso prolongado y las relaciones tradicionales. Cáncer podría intentar aferrar a Acuario a una rutina más cerrada, algo que este último difícilmente soportará. Estas diferencias pueden generar tensiones si no logran encontrar un equilibrio entre las necesidades emocionales de Cáncer y la naturaleza independiente de Acuario.

Acuario - Leo

Como signos opuestos en el zodiaco, Acuario y Leo pueden complementarse o chocar intensamente. Ambos tienen personalidades fuertes y carismáticas que se atraen de inmediato, pero sus diferencias pueden provocar conflictos. Leo, amante de ser el centro de atención, podría irritar a Acuario, quien no valora el orgullo ni el egocentrismo. Sin embargo, la pasión de Leo puede equilibrarse con la actitud

razonadora y distanciada de Acuario, creando una dinámica interesante. A menudo, la frialdad aparente de Acuario fascina al fogoso Leo, lo que podría llevar a una relación rica en intercambio de ideas y emociones intensas.

Acuario - Virgo
Esta pareja puede parecer complicada debido a las diferencias entre sus elementos: Aire y Tierra. Virgo, meticuloso y organizado, choca con el espíritu libre y caótico de Acuario. Sin embargo, su interés compartido por lo intelectual y cultural puede unirlos. Para que la relación funcione, Virgo podría asumir las responsabilidades prácticas que Acuario prefiere evitar. Aunque su compatibilidad sexual no es muy pasional, pueden encontrar un equilibrio basado en la estimulación mental y el entendimiento mutuo.

Acuario - Libra
Como signos de Aire, Acuario y Libra comparten un amor por la socialización, el arte y las relaciones humanas. Sin embargo, Libra tiende a ser más exigente y dependiente de la atención de su pareja, mientras que Acuario prefiere mantener una relación más libre y menos convencional. Las diferencias en gustos y estilos de vida pueden ser un desafío, pero su interés común en temas artísticos y su habilidad para comunicarse pueden ayudar a superar obstáculos. Libra necesitará mostrarse resolutivo y seguro para evitar inseguridades que puedan empujar a Acuario hacia distracciones externas.

Acuario - Escorpio
Una relación llena de contrastes, discusiones y también de atracción. La intensidad emocional y la pasión de Escorpio a menudo no coinciden con el desapego de Acuario, aunque este último puede sentirse intrigado por la sensualidad de Escorpio. El carácter posesivo y lunático de Escorpio puede entrar en conflicto con el altruismo y la necesidad de libertad de Acuario. A pesar de las diferencias, Escorpio podría sentirse motivado por el desafío que representa conquistar a Acuario, mientras que este último podría encontrar la relación estimulante, aunque difícil de sostener en el tiempo.

Acuario - Sagitario

Una combinación prometedora y vibrante. Ambos signos comparten el amor por la libertad, la aventura y una vida social activa. Es una pareja que difícilmente se aburrirá, ya que su entusiasmo y optimismo mutuos les permiten enfrentar la vida con alegría y confianza. Sagitario suele sentirse inspirado por los grandes ideales y proyectos de Acuario, mientras que este último encuentra en Sagitario un compañero dispuesto a materializar sus ideas. Aunque pueden surgir pequeñas tensiones debido a la impulsividad de Sagitario o la falta de efusividad de Acuario, su relación tiene una base sólida para prosperar.

Acuario - Capricornio

Una combinación desafiante debido a las diferencias en su naturaleza. Acuario, como signo de Aire, busca libertad y experimentación, mientras que Capricornio, signo de Tierra, se enfoca en metas prácticas y tangibles. Para que la relación funcione, Acuario deberá aceptar cierta estructura que Capricornio aporta, mientras este último tendrá que tolerar el anticonformismo y rechazo a las reglas sociales de su pareja. Aunque sus enfoques sean opuestos, si logran complementarse, pueden construir una relación equilibrada basada en inteligencia y entendimiento mutuo.

Acuario - Acuario

Esta unión normalmente satisface a los dos miembros de la pareja porque pueden compartir y perseguir juntos sus hermosos sueños y proyectos humanitarios. Su adaptabilidad y propensión a experimentar continuamente nuevas cosas e intereses los convierte en una pareja particularmente vital, estimulante y simpática a todos. Son capaces de arrastrar a los amigos a aventuras maravillosas e instituir asociaciones y encuentros para la defensa de algún gran ideal. El principal problema que deben afrontar es la falta de interés por atender las cosas cotidianas y los trabajos prácticos, tan aburridos como indispensables. El erotismo entre ellos no será nunca la parte más importante de la relación, aunque el entendimiento no faltará debido a la fantasía recíproca y la falta de tabúes.

Acuario - Piscis

Si el Acuario busca realmente la armonía de la pareja, tendrá que intentar ser más afectuoso y amable con el Piscis, que necesita sentirse amado y tranquilizado con ternura y mimos. Por otra parte el Piscis tendrá que mostrarse menos mutable y voluble y un poco menos sentimental. Los dos se entienden en una recíproca sensibilidad respecto a ideales y a amplias vistas humanitarias. El romanticismo y sentido de la posesión del Piscis podrían crear malentendidos y discusiones, normalmente resueltos gracias a la dulzura y a la sensualidad de este último. Pueden compartir intereses y talento artístico, más allá del amor por la naturaleza, por los espacios abiertos y el deseo de vivir la existencia con intensidad y entusiasmo.

Conquistas y abandonos

Cómo conquistar a un Acuario

La mujer que consigue hacerles percibir el propio afecto sin limitarlo en sus elecciones es la pareja perfecta. El Acuario es, de hecho, intolerante frente a relaciones demasiado cerradas y pegajosas, mientras se queda literalmente encantado ante mujeres independientes y decididas, que tengan claro en su mente lo que quieren de la vida y sepan conquistarlo, basándose únicamente en sus fuerzas. Las mujeres capaces de ser fantasiosas y excéntricas lo fascinan; de hecho, quiere a su lado a una pareja que sepa también sorprender, que se vista de forma extravagante y defienda las ideas de vanguardia y anticonformismo. Si después en la cama sabe ser creativa y fantasiosa, sin falsos pudores y reticencias, lo habrá literalmente conquistado sin dejarle ningún arma defensiva.

Cómo hacer que un Acuario la deje

Odia las banalidades, los chismes y todo lo que es previsible, por lo tanto, quien quiera librarse de su presencia tiene que asumir sencillamente estas características y será abandonado sin arrepentimientos. Se debe tener en cuenta además que este hombre tiene una concepción bastante ideal de la relación, por lo

que la mujer que se muestre poco coherente en sus acciones o que traicione la confianza que él normalmente pone sobre ella, obtendrá el efecto deseado bastante rápidamente. Al no ser un hombre que se lamente ni que tienda a los dramas y discusiones encendidas, es a menudo suficiente, para interrumpir la relación, un diálogo abierto y sincero con el que se convencerá con rapidez de la absurdidad de continuar con una relación insatisfactoria y demasiado complicada.

Cómo conquistar a una Acuario

Se siente atraída por los grandes ideales y principios y, en consecuencia, por los hombres que se erigen como defensores de una idea y ayudan a los oprimidos y quienes sufren injusticias. El que quiera conquistarla tiene que mostrarse sensible y con amplias miras, dispuesto a tener con ella continuos intercambios de opiniones y nuevos puntos de vista. Se siente atraída por hombres con fuerte personalidad, que tengan algo distinto de los demás en la forma de comportarse y también de vestirse. Un toque de excentricidad en el aspecto externo de la pareja le entusiasma, evitando la monotonía y la mediocridad que ella tanto detesta. Se sentirá fascinada por un hombre que tenga mil caras e intereses, creativo y desinhibido, que sepa estar entre la gente, pero también en la intimidad, rodeándola de atenciones pero sin exagerar.

Cómo hacer que una Acuario le deje

La persona que se muestre posesiva y excesivamente amable con ella obtendrá el efecto exactamente contrario: se sentirá como en una prisión y se irá corriendo. Se trata de una mujer muy autónoma, amante de la libertad, por lo que no soporta a una pareja celosa y que le imponga reglas y límites a las propias decisiones. Quien quiere que una Acuario le abandone sólo tendrá que comportarse de forma un poco machista, mostrarse un poco molesto por algunas de sus salidas con amigos y ella le abandonará enseguida. Sus intereses y sus conocidos son una parte básica de su existencia y no está dispuesta a renunciar a ellos por ningún motivo, ni siquiera por el hombre que ama. Como toque final, muéstrese un poco gandul y apático, monótono y sin entusiasmo.

La salud

Salud y bienestar

El nativo de Acuario suele tener una constitución física fuerte y gozar de buena salud, aunque esta depende mucho del estilo de vida que lleve y del nivel de estrés al que se someta.

Cuidados físicos y hábitos

Acuario tiende a ser inconstante en el cuidado de su cuerpo. Alterna períodos de descuido con fases de excesiva atención, siguiendo el entusiasmo del momento. Inicia tratamientos con gran interés, pero rara vez los mantiene con la constancia necesaria. Puede pasar de la medicina tradicional a la homeopática, probar herboristería, macrobiótica o incluso ayunos extremos, dependiendo de sus intereses del momento.

Dado que muchos de sus trastornos son psicosomáticos, como el insomnio, resulta beneficioso para Acuario practicar deportes, realizar actividades al aire libre y explorar técnicas de relajación. Disciplinas como yoga o meditación, que armonicen cuerpo, mente y espíritu, son especialmente útiles.

Partes del cuerpo asociadas a Acuario

Las áreas más sensibles para este signo son los tobillos, pantorrillas y extremidades inferiores. Acuario debe ser cuidadoso con estas zonas, evitando esguinces, contusiones o fracturas. También es recomendable controlar la circulación sanguínea en las piernas y prevenir problemas como varices. Los deportes que exijan un esfuerzo excesivo en estas áreas deben practicarse con prudencia.

A veces, pueden surgir problemas en la espina dorsal, como artrosis cervical, que pueden generar dolores de cabeza recurrentes. También se asocian desequilibrios en la circulación sanguínea, carencias de minerales y vitaminas, lo que hace útiles los tratamientos que restablezcan estos niveles en la sangre.

Sistema nervioso y estrés

Regido por Urano, Acuario está estrechamente vinculado al sistema nervioso y al cerebro. Por ello, es común que padezca hipertensión, neuralgias y estados de tensión nerviosa, provocados por su naturaleza inquieta y su actividad constante en múltiples frentes. Su tendencia a perseguir muchas metas simultáneamente, junto con indecisiones e inseguridades, puede llevarlo a niveles altos de estrés.

Aunque Acuario tiende a negar el origen psicológico de sus problemas, adoptar un ritmo de vida más equilibrado, con espacios para el descanso y la regeneración, resulta crucial. Una vida ordenada es, para este signo, una verdadera panacea.

Actitud frente a la salud

A pesar de su apariencia a veces frágil, el nativo de Acuario goza de una salud sustancialmente buena. Su capacidad para desdramatizar problemas de salud y abordarlos de forma racional le permite mantener un equilibrio físico y emocional a largo plazo.

Personajes famosos nacidos bajo el signo de Acuario

Los Acuario más destacados en la historia y la actualidad reflejan las características únicas del signo, aunque estas pueden variar según los elementos astrológicos presentes en su carta natal. A continuación, algunos ejemplos representativos:

Mujeres Acuario

- **Estefanía de Mónaco** (11 de febrero de 1965, ascendente Leo): Con un espíritu despreocupado y anticonformista, Estefanía combina vitalidad, grandes ideas y una excelente capacidad comunicativa. Menos emotiva que su hermana Carolina, afronta la vida con filosofía y entusiasmo.
- **Vanessa Redgrave** (30 de enero de 1937): Esta gran actriz inglesa encarna a la perfección el espíritu rebelde y la apertura mental de Acuario. Defensora de sus ideales, ha vivido su vida con autenticidad, sin temores ni conformismos.

Hombres Acuario

- **Ronald Reagan** (6 de febrero de 1911, ascendente Escorpio): Actor, deportista y político, Reagan es un ejemplo de la versatilidad y fuerza de los Acuario. Su personalidad impredecible y su excepcional empuje lo definieron como un líder único.
- **Paul Newman** (26 de enero de 1925, ascendente Capricornio, Luna en Piscis): Con su encanto irresistible y mirada desarmante, Newman cautivó al mundo. Su carisma y simpatía lo hicieron inolvidable tanto en el cine como en su vida personal.

Otros Acuario notables

- **Galileo Galilei** (15 de febrero de 1564): El padre de la ciencia moderna.
- **Wolfgang Amadeus Mozart** (27 de enero de 1756): Genio musical cuyas composiciones han trascendido generaciones.
- **Franz Schubert** (31 de enero de 1797): Compositor romántico.
- **Enzo Ferrari** (18 de febrero de 1898): Fundador de Ferrari, símbolo de innovación y excelencia.
- **Mia Farrow** (9 de febrero de 1945): Actriz y activista, ejemplo del espíritu humanitario de Acuario.

Otros nombres destacados incluyen a **Carolina de Mónaco**, **Vittorio Emanuele**, **Florinda Bolkan**, **Totó** y **Ciriaco de Mita**, entre otros.

Segunda Parte

TU FICHA ASTROLÓGICA PERSONAL

por *Chiara Bertrand*

Cómo construir tu ficha astrológica personal

Una vez exploradas las características principales de tu signo zodiacal, ahora puedes dar el siguiente paso y elaborar tu horóscopo personal. A continuación, te proporcionamos las instrucciones necesarias para construir tu propia ficha astrológica, además de información general sobre astrología y el zodiaco. Este proceso te permitirá completar tanto tu ficha personal (en la página siguiente) como el gráfico del tema natal que encontrarás en la página 49.

Introducción a la astrología personal

La astrología va más allá de tu signo solar (el signo del zodiaco). Para obtener una imagen completa de tu personalidad y potencial, es necesario considerar todos los elementos de tu carta natal:

1. **El signo solar:** Representa tu esencia y la forma en que brillas en el mundo. Es el aspecto más conocido de la astrología, basado en la posición del Sol al momento de tu nacimiento.
2. **El signo ascendente:** Determina cómo te perciben los demás y cómo te presentas ante el mundo. Se calcula con la hora exacta y el lugar de nacimiento.
3. **La posición de la Luna:** Refleja tu mundo emocional y tu subconsciente.
4. **Los planetas en las casas:** Indican las áreas de la vida donde se manifiestan tus energías y talentos.
5. **Los aspectos planetarios:** Revelan las relaciones entre los planetas y cómo estas influencias moldean tu personalidad y experiencias.

Pasos para elaborar tu ficha astrológica

1. **Recolecta datos de nacimiento:**
   - Fecha exacta.
   - Hora precisa (puede ser consultada en tu certificado de nacimiento).
   - Lugar de nacimiento (ciudad y país).

2. **Obtén unas efemérides o consulta una herramienta astrológica en línea:**
   Una efemérides es una tabla astronómica que muestra la posición de los planetas en el zodiaco en un momento específico. Si prefieres un enfoque más moderno, hay numerosas herramientas digitales que generan tu carta natal automáticamente.

3. **Calcular el ascendente:**
   - Necesitarás una tabla de casas astrológicas.

- Usa la hora y el lugar de tu nacimiento para determinar el signo que ascendía en el horizonte este en el momento exacto de tu nacimiento. Este es tu ascendente.

4. Posiciones planetarias y casas:
- Ubica la posición de cada planeta en el momento de tu nacimiento.
- Distribuye los planetas en las doce casas del zodiaco según tu hora y lugar de nacimiento.

5. Dibuja el gráfico natal:
- Divide un círculo en 12 secciones iguales, que representan las casas astrológicas.
- Marca la posición de los planetas en las casas correspondientes.

Cómo interpretar tu ficha astrológica

- **El Sol, la Luna y el ascendente:** Forman los pilares fundamentales de tu carta natal.
- **Los planetas:** Cada uno tiene un significado único (Mercurio rige la comunicación, Venus el amor, etc.).
- **Las casas:** Representan las áreas de la vida (por ejemplo, la primera casa se relaciona con la identidad, la segunda con los recursos materiales).
- **Los aspectos:** Examina las conexiones entre planetas (conjunciones, trígonos, oposiciones, etc.) para obtener una visión más profunda de tu personalidad y desafíos.

Nota importante sobre la precisión

La astrología requiere exactitud en los datos de nacimiento para que las interpretaciones sean fiables. Si desconoces la hora exacta, algunos elementos, como el ascendente y las casas, podrían ser inexactos.

Ficha astrológica personal de ....
a rellenar a medida que se obtienen los datos según las instrucciones de las páginas siguientes.

Fecha de nacimiento .... Hora de nacimiento ....
Lugar de nacimiento .... Hora oficial estival: sí .... no ......
Hora de Greenwich .... Tiempo sideral del nacimiento ....

Ascendente : ......° .....'en...........   Casa VII   : .....° en.........
Casa 2   : .....°   en...........   Casa 8   : .....° en.........
Casa 3   : .....°   en...........   Casa 9   : .....° en.........
Casa IV   : .....°   en...........   Medio Cielo : .....° en.........
Casa 5   : .....°   en...........   Casa 11   : .....° en.........
Casa 6   : .....°   en...........   Casa 12   : .....° en.........

Sol   : ......° .....' .....'' en............ Casa......................
Luna   : ......° .....' .....'' en............ Casa......................
Mercurio   : ......° .....' .....'' en............ Casa......................
Venus   : ......° .....' .....'' en............ Casa......................
Marte   : ......° .....' .....'' en............ Casa......................
Júpiter   : ......° .....' .....'' en............ Casa......................
Saturno   : ......° .....' .....'' en............ Casa......................
Urano   : ......° .....' .....'' en............ Casa......................
Neptuno   : ......° .....' .....'' en............ Casa......................
Plutón   : ......° .....' .....'' en............ Casa......................

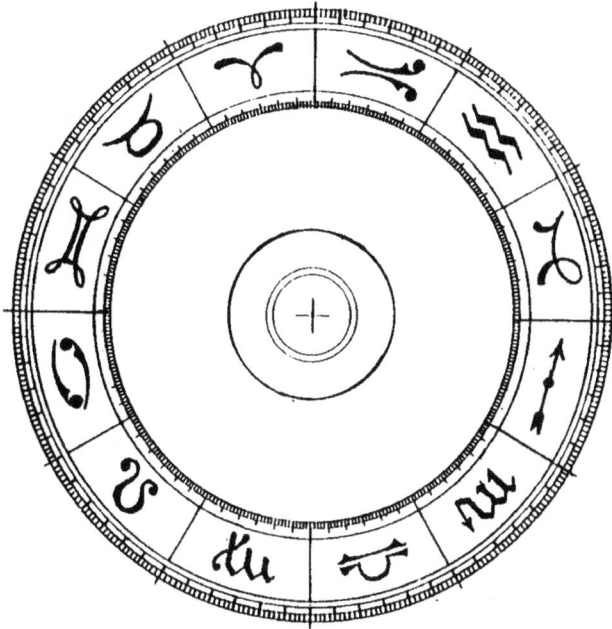

La astrología: un arte milenario

La astrología, nacida en tiempos remotos, se originó a partir de la observación de la bóveda celeste, el movimiento de los astros y los fenómenos naturales asociados. La percepción de una armonía entre el cielo y la tierra llevó a la creencia de que los astros influían en la vida humana. Esto dio lugar al desarrollo de un arte para interpretar los augurios de las estrellas y los planetas.

Los antiguos astrónomos idearon un sistema estructurado para observar el movimiento de los astros en relación con la Tierra. En el centro de este sistema se encuentra el zodiaco, una banda celeste que sigue una circunferencia de 360° paralela al ecuador. Este círculo está dividido en 12 sectores de 30° cada uno, asociados simbólicamente a las constelaciones que nuestros antepasados

identificaron en el cielo. Cabe destacar que esta correspondencia entre signo y constelación es simbólica, ya que las constelaciones no coinciden exactamente con los sectores asignados.

El punto de partida del zodiaco, conocido como el punto vernal, corresponde al 21 de marzo, fecha del equinoccio de primavera. Este momento marca el inicio del año zodiacal con el signo de Aries, el primero de los doce. La pertenencia a un signo zodiacal se determina por el camino aparente del Sol a lo largo de esta banda. El Sol recorre aproximadamente 1° por día, cubriendo los 30° de cada signo en un mes. Este movimiento solar divide las estaciones, regulando los ciclos vitales de la Tierra, y establece una conexión entre los signos zodiacales y las fases estacionales, fundamentales para comprender sus significados astrológicos.

Aunque basta con conocer el día de nacimiento para determinar el signo zodiacal, las fechas de inicio y fin de cada signo pueden variar ligeramente cada año, debido a que los 360° del zodiaco deben adaptarse a los 365 días del calendario. Por ello, este volumen incluye una tabla con las fechas exactas en las que el Sol entra en cada signo.

La simbología zodiacal es el fundamento de la astrología, ofreciendo un mapa que conecta el cosmos con el corazón humano, integrando a la persona en un mecanismo universal armónico. Cada signo representa un terreno expresivo para los planetas que lo atraviesan. El signo solar describe las características básicas de la personalidad, pero para obtener un retrato completo es necesario considerar las posiciones de los otros nueve planetas que, junto con el Sol, se mueven a través del zodiaco: la Luna, Mercurio, Venus, Marte, Júpiter, Saturno, Urano, Neptuno y Plutón. Las efemérides, tablas que indican la posición exacta de los astros en grados, permiten identificar sus ubicaciones en cualquier día del año.

El movimiento de cada planeta a través del zodiaco varía según su distancia al Sol. Por ejemplo, Mercurio completa su recorrido en un año, mientras que Júpiter tarda 12 años y Plutón necesita 250. Además de los planetas, es esencial determinar la posición de las 12 Casas astrológicas, tema que se abordará en el próximo capítulo.

El trabajo del astrólogo consiste en interpretar la carta astral del nacimiento, analizando los elementos que la conforman en su interacción mutua. Esta labor, compleja y delicada, permite obtener interpretaciones sorprendentes y reveladoras.

El Ascendente y las 12 Casas

Para la construcción del tema natal es necesario realizar la domificación, es decir, encontrar la posición de las 12 Casas astrológicas que subdividen el esquema horoscópico en otros sectores, referido cada uno a un particular campo de experiencia característico de la existencia humana.

El ascendente delimita el primero de estos sectores (la I Casa) y tiene una importancia fundamental entre los factores astrales que caracterizan un horóscopo. El signo en el que se encuentra el ascendente es el que en el momento del nacimiento se levantaba en el horizonte y cambia según la hora y el lugar en que se produjo; sin conocer estos datos no es posible elaborar un horóscopo preciso y cuidado, que tiene que colocar cada planeta en una Casa bien precisa, para poder obtener las indicaciones sobre cómo se transfieren en la vida real las energías representadas por los planetas en los diferentes signos.

Para realizar la domificación, es necesario calcular el tiempo sideral de nacimiento (como explicaremos en el próximo capítulo), luego encontrar en las tablas de las Casas, la posición exacta de las Casas en el momento del nacimiento. Si lo que se pretende es encontrar sólo el signo en el que cae el ascendente, es posible seguir un procedimiento más sencillo, que hace que las personas que no tienen grandes conocimientos de astrología puedan conocer este importantísimo elemento astral.

De hecho, el ascendente puede definirse como el punto de partida de las posibilidades de desarrollo individual; describe a la persona en sus características más evidentes, en el comportamiento, en las reacciones instintivas, en las tendencias más naturales y manifiestas, e influye también en el aspecto físico. Muy a menudo, el individuo se reconoce más en las características del ascendente que en las del signo solar al que pertenece, o en los que están en contacto con él, le resultan más claras las características típicas del ascendente: esto

sucede porque el ascendente es la imagen consciente que tenemos de nosotros mismos y que manifestamos a los demás.

El ascendente, además, al caracterizar la constitución física, proporciona informaciones muy interesantes en el plano de la salud, indicando los órganos y las partes del cuerpo más sujetas a trastornos y al tipo de estímulos a los que el individuo reacciona más rápidamente.

La presencia de los planetas en conjunción con el ascendente intensifica la personalidad, resaltando algunas de las características que adquieren de esta forma una evidencia particular: por ejemplo, encanto y amabilidad en el caso de Venus, agresividad y competitividad, en cambio, en el caso de Marte.

Una I Casa «ocupada» por muchos planetas refuerza la autonomía y el espíritu de afirmación, y proporciona la tendencia a imponer la propia personalidad sobre la de los demás.

Evidentemente, tiene una gran importancia la combinación signo-ascendente: en la tercera parte del volumen, en un capítulo especial, se agrupan todas las combinaciones relativas al signo tratado.

Cálculo del Ascendente

Los datos necesarios para calcular el ascendente son: fecha, lugar y hora exacta de nacimiento (en el caso de que no se conozca la hora, se puede pedir en el registro la partida de nacimiento). Se acepta una aproximación de 15-20 minutos.

El procedimiento es sencillo, sólo con algunos cálculos se podrá obtener la posición del ascendente con cierta precisión.

Pongamos un ejemplo con un nacimiento que tuvo lugar en Burgos, el 15 de junio de 1970 a las 17 h 30 min hora oficial.

1. La primera operación que se debe hacer siempre será consultar la tabla de la pág. 55, para ver si en ese momento había alguna alteración horaria con respecto a la hora de Greenwich (que es la referencia horaria mundial y el meridiano patrón para España). En el caso de este ejemplo, había una diferencia de una hora y por ello es necesario restar una hora de la hora de nacimiento. Por lo tanto tendremos: 17 h 30 min - 1 h (huso horario) = 16 h 30 min.

En cambio, en el caso de no haber hora de verano, como se la llama generalmente, no se deberá restar nada; pero si en cambio hay dos horas de diferencia con la hora oficial, entonces habrá que restar dos horas.

2. El resultado que se obtiene se suma a la hora sideral, que se puede localizar en la tabla de la pág. 57. La hora sideral para la fecha tomada como ejemplo es 17 h 31 min por lo tanto: 16 h 30 min + 17 h 31 min = 33 h 61 min. Pero este resultado precisa una corrección: de hecho, es necesario recordar que estamos realizando operaciones sexagesimales (es decir, estamos sumando horas, minutos y segundos).

Los minutos no pueden superar los 60, que es el número de minutos que hay en una hora.

Por lo tanto, el resultado se tiene que modificar transportando estos 60 minutos a la izquierda, transformándolos en 1 hora y dejando invariable el número de minutos restantes. Corregido de esta forma, el resultado originario de 33 h 61 min se ha convertido en 34 h 01 min.

3. A continuación, para llegar hasta la definición exacta del tiempo sideral de nacimiento, es necesario sumar al resultado obtenido la longitud traducida en tiempo relativa al lugar de nacimiento. La tabla de la pág. 58 proporciona la longitud en tiempo para las principales ciudades españolas: En el caso de Burgos tenemos que restar 0 h 14 min 49 s. Podemos quitar los segundos para facilitar el procedimiento, ya que no altera prácticamente el resultado.

Para poder restar los minutos, debemos transformar una hora en minutos. Quedará así: 34 h 01 min = 33 h 61 min; 33 h 61 min − 0 h 14 min = 33 h 47 min.

Puesto que el resultado supera las 24 horas que tiene un día, es necesario restar 24. Quedará así: 33 h 47 min − 24 = 9 h 47 min, que indica el tiempo sideral de nacimiento.

4. Después de obtener, finalmente, este dato, sólo tendremos que consultar la tabla de la pág. 54 para descubrir en qué signo se encuentra el ascendente: en el caso que hemos tomado como ejemplo, el ascendente se encuentra en el signo del Escorpio.

Para resumir el procedimiento que hay que seguir, lo presentamos en este esquema, que puede ser útil para realizar el cálculo del propio ascendente.

.... −	HORA DE NACIMIENTO	−
1.00 =	1 HORA DE HUSO	= (en caso necesario hay que restar 2 horas)
.... +	HORA DE GREENWICH	+
.... =	HORA SIDERAL (tabla de la pág. 57)	=
.... +	RESULTADO	+
.... =	LONGITUD EN TIEMPO (tabla de la pág. 58)	=
....	TIEMPO SIDERAL DE NACIMIENTO	

TIEMPO SIDERAL DE NACIMIENTO   = ...

ASCENDENTE (tabla en esta página)   = ...

Nota: Al realizar los cálculos, es fundamental verificar que los minutos no excedan los 60 y las horas no superen las 24. Las correcciones necesarias pueden realizarse durante el cálculo, como se muestra en el ejemplo, o bien al final, agrupándolas todas juntas.

BUSQUE AQUÍ SU ASCENDENTE

de   0.35' a   3.17'...................... ascendente en Leo

de   3.18' a   6.00'...................... ascendente en Virgo

de   6.01' a   8.43'...................... ascendente en Libra

de   8.44' a 11.25'...................... ascendente en Escorpio

de 11.26' a 13.53'...................... ascendente en Sagitario

de 13.54' a 15,43'...................... ascendente en Capricornio

de 15.44' a 17.00'...................... ascendente en Acuario

de 17.01' a 18.00'...................... ascendente en Piscis

de 18.01' a 18.59'...................... ascendente en Aries

de 19.00' a 20.17'...................... ascendente en Tauro

de 20.18' a 22.08'...................... ascendente en Géminis

de 22.09' a   0.34'...................... ascendente en Cáncer

TABLA DE LA HORA OFICIAL EN ESPAÑA

Desde el 1.º de enero de 1901, en España rige la hora del Meridiano de Greenwich (0° 00'). El 15 de abril de 1918, se introduce por primera vez la llamada *hora de verano*. Hasta esa fecha no se produce ningún cambio en la hora legal.

Año	Fecha	Hora	Modificación	Fecha	Hora	Modificación
1918	15 abril	23.00	adelanto 1 hora	6 octubre	24.00	restablecimiento hora normal
1919	6 abril	23.00	adelanto 1 hora	6 octubre	24.00	restablecimiento hora normal
1920 a 1923, rige la hora legal sin ningún cambio						
1924	16 abril	23.00	adelanto 1 hora	4 octubre	24.00	restablecimiento hora normal
1925	rige la hora legal sin ningún cambio					
1926	17 abril	23.00	adelanto 1 hora	2 octubre	24.00	restablecimiento hora normal
1927	9 abril	23.00	adelanto 1 hora	1 octubre	24.00	restablecimiento hora normal
1928	14 abril	23.00	adelanto 1 hora	6 octubre	24.00	restablecimiento hora normal
1929	20 abril	23.00	adelanto 1 hora	6 octubre	24.00	restablecimiento hora normal
1930 a 1936, rige la hora legal sin ningún cambio						
1937	16 junio	23.00	adelanto 1 hora	6 octubre	24.00	restablec. hora normal (Z. R.)
1937	22 mayo	23.00	adelanto 1 hora	2 octubre	24.00	restablec. hora normal (Z. N.)
1938	2 abril	23.00				
	30 abril	23.00	adelanto otra hora	2 octubre	24.00	se suprime 1 hora. Queda otra de adelanto (Z. R.)
1938	26 marzo	23.00	adelanto 1 hora	1 octubre	24.00	restablec. hora normal (Z. N.)
1939	hasta el 1 de abril en que se restablece el horario normal, rige 1 hora de adelanto (Z. R.)					
1939	15 abril	23.00	adelanto 1 hora	7 octubre	24.00	restablec. hora normal (Z. N.)
1940	16 marzo	23.00	se adelanta permanentemente, hasta hoy, 1 hora			
1942	2 mayo	23.00	adelanto 1 hora (total 2)	1 sept.	24.00	se suprime 1 h. Queda 1 h de adelanto
1943	17 abril	23.00	adelanto 1 hora (total 2)	2 octubre	24.00	se suprime 1 h. Queda 1 h de adelanto
1944	15 abril	23.00	adelanto 1 hora (total 2)	1 octubre	24.00	se suprime 1 h. Queda 1 h de adelanto
1945	14 abril	23.00	adelanto 1 hora (total 2)	30 sept.	24.00	se suprime 1 h. Queda otra de adelanto
1946	13 abril	23.00	adelanto 1 hora (total 2)	28 sept.	24.00	se suprime 1 h. Queda otra de adelanto
1949	30 abril	23.00	adelanto 1 hora (total 2)	2 octubre	24.00	se suprime 1 h. Queda 1 h de adelanto (hasta 1974)
1974	13 abril	23.00	adelanto 1 hora (total 2)	6 octubre	1.00	se suprime 1 h. Queda 1 h de adelanto
1975	12 abril	23.00	adelanto 1 hora (total 2)	4 octubre	24.00	se suprime 1 h. Queda 1 h de adelanto
1976	27 marzo	23.00	adelanto 1 hora (total 2)	25 sept.	24.00	se suprime 1 h. Queda 1 h de adelanto

Z. R., zona republicana. Z. N., zona nacional.

1977	2 abril	23.00	adelanto 1 hora (total 2)	24 sept.	24.00	se suprime 1 h. Queda 1 h de adelanto
1978	2 abril	23.00	adelanto 1 hora (total 2)	1 octubre	3.00	se suprime 1 h. Queda 1 h de adelanto
1979	1 abril	2.00	adelanto 1 hora (total 2)	30 sept.	3.00	se suprime 1 h. Queda 1 h de adelanto
1980	6 abril	2.00	adelanto 1 hora (total 2)	28 sept.	3.00	se suprime 1 h. Queda 1 h de adelanto
1981	29 marzo	2.00	adelanto 1 hora (total 2)	27 sept.	3.00	se suprime 1 h. Queda 1 h de adelanto
1982	28 marzo	2.00	adelanto 1 hora (total 2)	26 sept.	3.00	se suprime 1 h. Queda 1 h de adelanto
1983	27 marzo	2.00	adelanto 1 hora (total 2)	25 sept.	3.00	se suprime 1 h. Queda 1 h de adelanto
1984	24 marzo	2.00	adelanto 1 hora (total 2)	30 sept.	3.00	se suprime 1 h. Queda 1 h de adelanto
1985	31 marzo	2.00	adelanto 1 hora (total 2)	29 sept.	3.00	se suprime 1 h. Queda 1 h de adelanto
1986	23 marzo	3.00	adelanto 1 hora (total 2)	28 sept.	3.00	se suprime 1 h. Queda 1 h de adelanto
1987	22 marzo	3.00	adelanto 1 hora (total 2)	27 sept.	3.00	se suprime 1 h. Queda 1 h de adelanto
1988	19 marzo	3.00	adelanto 1 hora (total 2)	24 sept.	3.00	se suprime 1 h. Queda 1 h de adelanto
1989	19 marzo	3.00	adelanto 1 hora (total 2)	23 sept.	3.00	se suprime 1 h. Queda 1 h de adelanto
1990	17 marzo	3.00	adelanto 1 hora (total 2)	23 sept.	3.00	se suprime 1 h. Queda 1 h de adelanto
1991	17 marzo	3.00	adelanto 1 hora (total 2)	27 sept.	3.00	se suprime 1 h. Queda 1 h de adelanto
1992	14 marzo	3.00	adelanto 1 hora (total 2)	27 sept.	3.00	se suprime 1 h. Queda 1 h de adelanto
1993	20 marzo	3.00	adelanto 1 hora (total 2)	26 sept.	3.00	se suprime 1 h. Queda 1 h de adelanto
1994	20 marzo	3.00	adelanto 1 hora (total 2)	25 sept.	3.00	se suprime 1 h. Queda 1 h de adelanto
1995	26 marzo	3.00	adelanto 1 hora (total 2)	24 sept.	3.00	se suprime 1 h. Queda 1 h de adelanto
1996	24 marzo	3.00	adelanto 1 hora (total 2)	22 sept.	3.00	se suprime 1 h. Queda 1 h de adelanto
1997	23 marzo	3.00	adelanto 1 hora (total 2)	28 sept.	3.00	se suprime 1 h. Queda 1 h de adelanto
1998	22 marzo	3.00	adelanto 1 hora (total 2)	27 sept.	3.00	se suprime 1 h. Queda 1 h de adelanto
1999	21 marzo	3.00	adelanto 1 hora (total 2)	26 sept.	3.00	se suprime 1 h. Queda 1 h de adelanto
2000	25 marzo	2.00	adelanto 1 hora (total 2)	24 sept.	3.00	se suprime 1 h. Queda 1 h de adelanto
2001	25 marzo	2.00	adelanto 1 hora (total 2)	23 sept.	3.00	se suprime 1 h. Queda 1 h de adelanto
2002	31 marzo	2.00	adelanto 1 hora (total 2)	27 oct.	3.00	se suprime 1 h. Queda 1 h de adelanto
2003	30 marzo	2.00	adelanto 1 hora (total 2)	26 oct.	3.00	se suprime 1 h. Queda 1 h de adelanto
2004	28 marzo	2.00	adelanto 1 hora (total 2)	31 oct.	3.00	se suprime 1 h. Queda 1 h de adelanto
2005	27 marzo	2.00	adelanto 1 hora (total 2)	30 oct.	3.00	se suprime 1 h. Queda 1 h de adelanto
2006	26 marzo	2.00	adelanto 1 hora (total 2)	29 oct.	3.00	se suprime 1 h. Queda 1 h de adelanto
2007	26 marzo	2.00	adelanto 1 hora (total 2)	28 oct.	3.00	se suprime 1 h. Queda 1 h de adelanto
2008	30 marzo	2.00	adelanto 1 hora (total 2)	25 oct.	3.00	se suprime 1 h. Queda 1 h de adelanto

En las islas Canarias, desde el 1 de marzo de 1922, a las 00.00 horas, rige el horario del Meridiano 15 Oeste.

Día	En.	Feb.	Mar.	Abr.	May.	Jun.	Jul.	Ag.	Sept.	Oct.	Nov.	Dic.

	TABLA PARA LA BÚSQUEDA DE LA HORA SIDERAL											
Día	**En.**	**Feb.**	**Mar.**	**Abr.**	**May.**	**Jun.**	**Jul.**	**Ag.**	**Sept.**	**Oct.**	**Nov.**	**Dic.**
1	6.36	8.38	10.33	12.36	14.33	16.36	18.34	20.37	22.39	0.37	2.39	4.38
2	6.40	8.42	10.37	12.40	14.37	16.40	18.38	20.41	22.43	0.41	2.43	4.42
3	6.44	8.46	10.40	12.44	14.41	16.43	18.42	20.45	22.47	0.45	2.47	4.46
4	6.48	8.50	10.44	12.48	14.45	16.47	18.46	20.49	22.51	049	2.51	4.50
5	6.52	8.54	10.48	12.52	14.49	16.51	18.50	20.53	22.55	0.53	2.55	4.54
6	6.56	8.58	10.52	12.55	14.53	16.55	18.54	20.57	22.59	0.57	2.59	4.57
7	7.00	9.02	10.56	12.58	14.57	16.59	18.58	21.00	23.03	1.01	3.03	5.01
8	7.04	9.06	11.00	13.02	15.01	17.03	19.02	21.04	23.07	1.05	3.07	5.05
9	7.08	9.10	11.04	13.06	15.05	17.07	19.06	21.08	23.11	1.09	3.11	5.09
10	7.12	9.14	11.08	13.10	15.09	17.11	19.10	21.12	23.14	1.13	3.15	5.13
11	7.15	9.18	11.12	13.15	15.13	17.15	19.14	21.16	23.18	1.17	3.19	5.17
12	7.19	9.22	11.16	13.18	15.17	17.19	19.18	21.20	23.22	1.21	3.23	5.21
13	7.23	9.26	11.20	13.22	15.21	17.23	19.22	21.24	23.26	1.25	3.27	5.25
14	7.27	9.30	11.24	13.26	15.24	17.27	19.26	21.28	23.30	1.29	3.31	5.29
15	7.31	9.33	11.28	13.30	15.28	17.31	19.30	21.32	23.34	1.32	3.35	5.33
16	7.35	9.37	11.32	13.34	15.32	17.34	19.34	21.36	23.38	1.36	3.39	5.37
17	7.39	9.41	11.36	13.38	15.36	17.38	19.38	21.40	23.42	1.40	3.43	5.41
18	7.43	9.45	11.40	13.42	15.40	17.42	19.42	21.44	23.46	1.44	3.47	5.45
19	7.47	9.49	11.44	13.46	15.44	17.46	19.46	21.48	23.50	1.48	3.50	5.49
20	7.51	9.53	11.48	13.50	15.48	17.50	19.49	21.52	23.54	1.52	3.54	5.53
21	7.55	9.57	11.52	13.54	15.52	17.54	19.53	21.56	23.58	1.56	3.58	5.57
22	7.59	10.01	11.55	13.58	15.56	17.58	19.57	22.00	0.02	2.00	4.02	6.01
23	8.03	10.05	11.58	14.02	16.00	18.02	20.02	22.04	0.06	2.04	4.06	6.05
24	8.07	10.09	12.02	14.06	16.04	18.06	20.06	22.08	0.10	2.06	4.10	6.09
25	8.11	10.13	12.06	14.10	16.08	18.10	20.10	22.12	0.14	2.12	4.14	6.13
26	8.15	10.17	12.10	14.14	16.12	18.14	20.14	22.16	0.18	2.16	4.18	6.17
27	8.19	10.21	12.14	14.18	16.16	18.18	20.18	22.20	0.23	2.20	4.22	6.21
28	8.23	10.25	12.18	14.22	16.20	18.22	20.22	22.24	0.26	2.24	4.26	6.24
29	8.26	10.29	12.22	14.26	16.24	18.26	20.26	22.27	0.30	2.28	4.30	6.28
30	8.30		12.26	14.29	16.28	18.30	20.30	22.31	0.34	2.32	4.34	6.32
31	8.34		12.30		16.32		20.33	22.35		2.36		6.36

TABLA DE COORDENADAS DE LAS PRINCIPALES CIUDADES DE ESPAÑA

Ciudad	Latitud	Longitud	Ciudad	Latitud	Longitud
ALBACETE	39° 00'	– 7' 25"	LINARES	38° 06'	– 14' 32"
ALCUDIA	39° 52'	+ 11' 36"	LOGROÑO	42° 28'	– 9' 47"
ALGECIRAS	36° 09'	– 21' 52"	LORCA	37° 41'	– 6' 48"
ALICANTE	38° 20'	– 1' 56"	LUGO	43° 01'	– 30' 14"
ALMERÍA	36° 50'	– 9' 52"	MADRID	40° 24'	– 14' 44"
ANDORRA			MAHÓN	39° 50'	+ 17' 12"
LA VELLA	42° 30'	+ 6' 00"	MÁLAGA	36° 43'	– 17' 41"
ÁVILA	40° 39'	– 18' 47"	MANACOR	39° 34'	+ 12' 53"
BADAJOZ	38° 53'	– 27' 53"	MANRESA	41° 44'	+ 7' 20"
BARCELONA	41° 23'	+ 8' 44"	MARBELLA	36° 30'	– 19' 36"
BILBAO	43° 15'	– 11' 42"	MIERES	43° 15'	– 23' 04"
BURGOS	42° 20'	– 14' 49"	MURCIA	37° 59'	– 4' 31"
CÁCERES	39° 28'	– 25' 29"	ORENSE	42° 20'	– 31' 27"
CADAQUÉS	42° 17'	+ 13' 08"	OVIEDO	43° 22'	– 23' 22"
CÁDIZ	36° 32'	– 25' 11"	PALENCIA	42° 00'	– 18' 08"
CALATAYUD	41° 20'	– 6' 40"	P. MALLORCA	39° 34'	+ 10' 36"
CARTAGENA	37° 38'	– 3' 55"	PAMPLONA	42° 49'	– 6' 36"
CASTELLÓN	39° 50'	– 0' 09"	PLASENCIA	40° 03'	– 24' 32"
CIUDAD REAL	38° 59'	– 15' 43"	PONFERRADA	42° 33'	– 26' 20"
C. RODRIGO	40° 36'	– 26' 08"	PONTEVEDRA	42° 26'	– 34' 35"
CÓRDOBA	37° 53'	– 19' 07"	SALAMANCA	40° 57'	– 22' 40"
CORUÑA	43° 23'	– 33' 34"	SAN SEBATIÁN	43° 19'	– 7' 56"
CUENCA	40° 04'	– 8' 32"	STA. CRUZ DE		
ÉIBAR	43° 11'	– 11' 52"	TENERIFE	28° 28'	– 1h 5' 57"
ELCHE	38° 15'	– 2' 48"	SANTIAGO DE		
FRAGA	41° 32'	– 1' 24"	COMPOSTELA	42° 52'	– 34' 12"
FUERTEVENTURA	28° 30'	– 56' 00"	SANTANDER	43° 28'	– 15' 13"
GERONA	41° 59'	+ 11' 18"	SEGOVIA	40° 57'	– 16' 30"
GIJÓN	43° 32'	– 22' 48"	SEVILLA	37° 23'	– 23' 58"
GOMERA	28° 10'	– 1h 08 ' 20"	SORIA	41° 46'	– 9' 52"
GRANADA	37° 11'	– 14' 24"	TARRAGONA	41° 07'	+ 5' 02"
GUADALAJARA	40° 38'	– 12' 39"	TERUEL	40° 20'	– 4' 26"
HIERRO	27° 57'	– 1h 11' 44"	TOLEDO	39° 51'	– 16' 05"
HUELVA	37° 16'	– 27' 47"	TORTOSA	40° 49'	+ 2' 04"
HUESCA	42° 08'	– 1' 38"	TUDELA	42° 04'	– 6' 24"
IBIZA	38° 54'	+ 5' 44"	VALENCIA	39° 28'	– 1' 30"
JAÉN	37° 46'	– 15' 09"	VALLADOLID	41° 39'	– 18' 53"
LA PALMA	25° 40'	– 1h 11' 20"	VIELLA	42° 42'	+ 3' 16"
LANZAROTE	29° 00'	– 54' 40"	VIGO	42° 18'	– 34' 44"
LAS PALMAS G.C.	28° 06'	– 1 h 01' 40"	VITORIA	42° 51'	– 10' 42"
LEÓN	42° 36'	– 22' 16"	ZAMORA	41° 30'	– 23' 01"
LÉRIDA	41° 37'	+ 2' 30"	ZARAGOZA	41° 34'	– 3' 31"

La carta astral de nacimiento

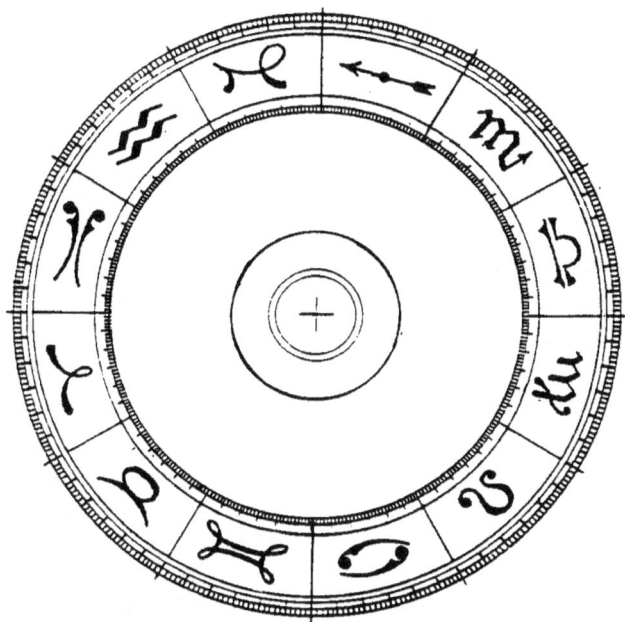

Fig. 1

El tema natal, también conocido como horóscopo de nacimiento, es una representación gráfica del cielo tal como se encontraba en el momento del nacimiento de una persona. Esta gráfica muestra, de manera simbólica, la posición de los astros y los signos zodiacales en relación con la Tierra en ese instante.

En el gráfico (representado en blanco), se observa un círculo dividido en 12 secciones iguales, correspondientes a los signos del zodiaco. Cada una de estas divisiones ocupa un arco de 30° a lo largo de la circunferencia (véase Fig. 1).

Los signos zodiacales están representados por un símbolo particular denominado glifo, cuyo reconocimiento es fundamental. Es importante familiarizarse con estos símbolos, ya que, en la mayoría de los cuadros y tablas utilizados en astrología, los signos suelen identificarse únicamente mediante estos glifos.

ARIES ♈	LIBRA ♎
TAURO ♉	ESCORPIO ♏
GÉMINIS ♊	SAGITARIO ♐
CÁNCER ♋	CAPRICORNIO ♑
LEO ♌	ACUARIO ♒
VIRGO ♍	PISCIS ♓

Los datos necesarios para la redacción del tema natal son siempre: **fecha, hora y lugar de nacimiento**. Lo primero que se calcula es el **ascendente**, como se explica en el capítulo anterior; luego se realiza la **domificación completa**, que, como recordamos, consiste en la subdivisión del gráfico zodiacal en **12 sectores** (las Casas), de las cuales el ascendente delimita el primer sector.

Algo todavía más importante es que el ascendente representa uno de los **cuatro puntos cardinales** del tema: el **oriente**, puesto que se levanta en el horizonte en el momento del nacimiento. Diametralmente opuesto al ascendente está el **descendente**, que representa el ocaso y señala la **VII Casa**. El ascendente y el descendente forman un eje que delimita la línea del horizonte y subdivide el gráfico en dos partes iguales:

- La parte superior es el **sector diurno** del tema, y una concentración de planetas en esta parte señala una personalidad **independiente**, preparada para salir a la luz y manifestarse en la vida exterior.
- La mitad del gráfico colocada bajo la línea del horizonte representa el **sector nocturno** del tema, y una prevalencia de planetas en este sector predispone a una mayor **introversión** y a una vida interior rica.

Recordamos que, de la misma forma que, siguiendo la banda zodiacal, la sucesión de los signos sigue un único sentido **antihorario**, también en la carta del cielo el ascendente se coloca siempre a la **izquierda** del gráfico, haciendo girar el círculo hasta que se encuentra en la posición correcta (véase fig. 2).

El punto más elevado del gráfico zodiacal es el **Medio Cielo**, que corresponde al **sur** del tema y señala la **X Casa**. El Medio Cielo representa la realización del individuo, su proceder en la vida de forma autónoma.

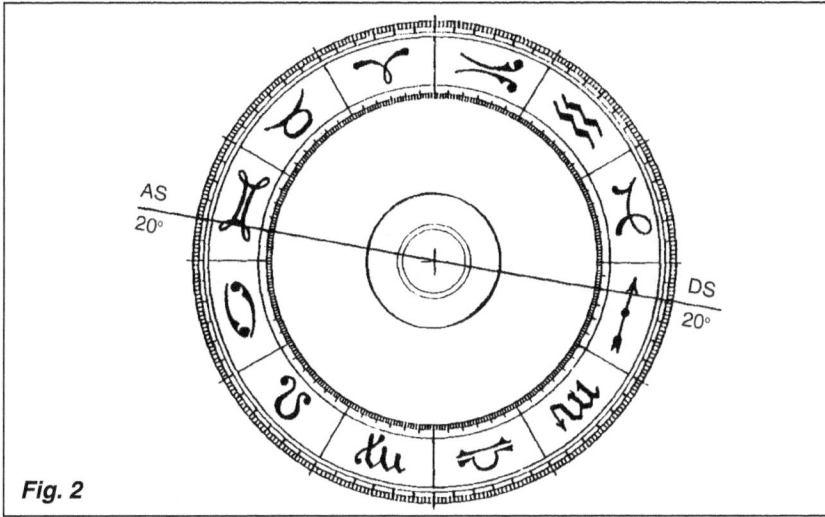

Fig. 2

Opuesto al Medio Cielo se encuentra el **Profundo Cielo**, el norte del tema, que indica la **IV Casa**: los orígenes, el hogar y las raíces del individuo.

El eje Medio Cielo - Fondo Cielo divide el gráfico verticalmente en dos mitades iguales. La mitad izquierda, si cuenta con una concentración significativa de planetas, indica una tendencia hacia el individualismo. Por otro lado, una mayoría de planetas en la mitad derecha refleja una mayor generosidad, extroversión y necesidad de interactuar con los demás (véase fig. 3).

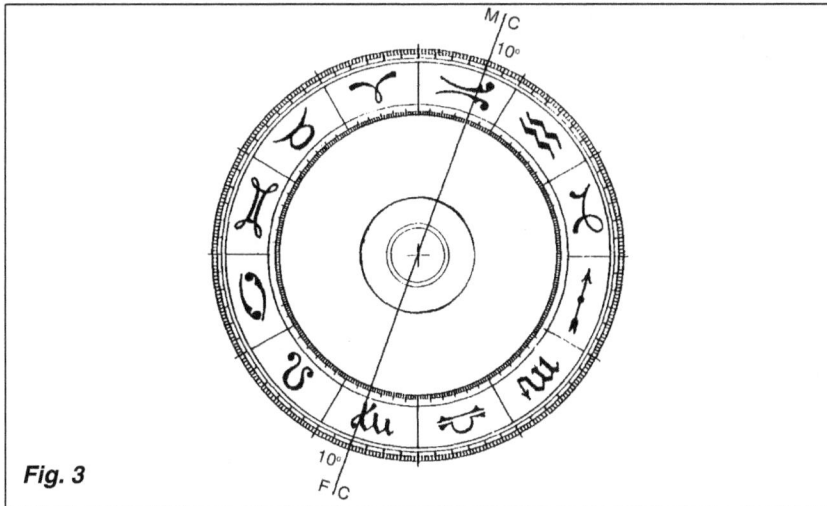

Fig. 3

Para realizar la domificación en astrología, es imprescindible contar con el tiempo sideral del nacimiento y disponer de una tabla de Casas. Estas tablas, disponibles en diversas publicaciones especializadas, muestran las posiciones de las Casas para diferentes latitudes geográficas. También es necesario conocer la latitud del lugar de nacimiento, que puede consultarse en muchos manuales de astrología. En caso de duda, se recomienda utilizar la latitud de la capital de la provincia correspondiente.

Siguiendo con el ejemplo, la latitud de Burgos es 42° 06'. En el cálculo del capítulo anterior, se determinó un tiempo sideral de nacimiento de 9 horas y 47 minutos. Aunque inicialmente se omitieron los segundos para simplificar, ahora debemos incluirlos para lograr mayor precisión. Al completar el cálculo, el tiempo sideral exacto es 9 h 47 min 49 s.

En la página 63 del manual (o equivalente), se encuentra una tabla de Casas correspondiente a la latitud más cercana a Burgos, en este caso 42° 20'. En la columna titulada **"Sidereal Time"** se busca el tiempo sideral más próximo al calculado (9 h 47 min 49 s). En este ejemplo, el valor más cercano es 9 h 49 min 09 s. Es importante señalar que estas pequeñas diferencias no afectan significativamente el resultado final, ya que suelen ser mínimas.

Las columnas siguientes están tituladas como **10, 11, 12, Ascend., 2, 3**, y corresponden a las Casas cuyas posiciones proporciona la tabla. Debajo de cada encabezado aparece el símbolo del signo zodiacal en el que cae cada Casa, seguido de los grados correspondientes dentro de ese signo. Hay que prestar atención a los cambios de signo que pueden ocurrir en la columna al cruzar los 30°.

Después de localizar el tiempo sideral en la tabla, las posiciones de las Casas se leen en la misma línea. En el caso del ejemplo, las posiciones calculadas son las siguientes:

- **Casa 10 (Medio Cielo):**   25° Leo
- **Casa 11:**   27° Virgo
- **Casa 12:**   23° Libra
- **Ascendente (Casa 1):**   14° 16' Escorpio
- **Casa 2:**   14° Sagitario
- **Casa 3:**   18° Capricornio

Para obtener tablas de Casas, se recomienda consultar publicaciones especializadas como *Raphael's Tables of Houses*, *Tables des Maisons* de Chacornac (Ed. Traditionnelles, París), *A-P Tables of Houses* (The Aries Press, Chicago), o *Le Tavole delle Case* de Ciro Discepolo (Ed. Armenia).

TABLAS DE LAS CASAS — latitud 42° 42′ N

Panel 1

Tiempo sideral H M S	10 ♈	11 ♉	12 ♊	Ascend. ♋ (° ′)	2 ♌	3 ♍
0 0 0	0	7	16	20 10	9	1
0 3 40	1	8	17	20 55	10	2
0 7 20	2	9	18	21 39	11	3
0 11 0	3	10	19	22 23	12	4
0 14 41	4	11	20	23 7	12	5
0 18 21	5	12	21	23 51	13	6
0 23 2	6	13	22	24 35	14	7
0 25 42	7	14	23	25 19	15	7
0 29 23	8	15	24	26 2	15	8
0 33 4	9	16	24	26 46	16	9
0 36 45	10	17	25	27 29	17	10
0 40 26	11	18	26	28 13	18	11
0 44 8	12	19	27	28 57	18	12
0 47 50	13	20	28	29 41	19	13
0 51 32	14	21	29	0 Ω 24	20	14
0 55 14	15	22	30	1 7	21	14
0 58 57	16	23	♋	1 51	21	15
1 2 40	17	24	1	2 34	22	16
1 6 23	18	15	2	3 17	23	17
1 10 7	19	26	3	4 1	24	18
1 13 51	20	27	4	4 44	25	19
1 17 35	21	28	5	5 28	25	20
1 21 20	22	29	6	6 12	26	21
1 25 6	23	11	6	6 55	27	22
1 28 52	24	1	7	7 39	28	23
1 32 38	25	2	8	8 23	29	23
1 36 25	26	3	9	9 6	29	24
1 40 12	27	4	10	9 50	♍	25
1 44 0	28	5	11	10 34	1	26
1 47 48	29	6	11	11 18	2	27
1 51 37	30	7	12	12 2	3	28

Panel 2

Tiempo sideral H M S	10 ♉	11 ♊	12 ♋	Ascend. ♌ (° ′)	2 ♍	3 ♏
1 51 37	0	7	12	12 2	3	28
1 55 27	1	8	13	12 47	3	29
1 59 17	2	9	14	13 31	4	♎
2 3 8	3	10	15	14 15	5	1
2 6 59	4	11	15	14 59	6	2
2 10 51	5	12	16	15 44	7	3
2 14 44	6	13	17	16 28	7	3
2 18 37	7	14	18	17 13	8	4
2 22 31	8	15	19	17 58	9	5
2 26 25	9	15	20	18 43	10	6
2 30 20	10	16	20	19 29	11	7
2 34 16	11	17	21	20 14	12	8
2 38 13	12	18	22	20 59	12	9
2 42 10	13	19	23	21 44	13	10
2 46 8	14	20	24	22 30	14	11
2 50 7	15	21	25	23 16	15	12
2 54 7	16	22	25	24 2	16	13
2 58 7	17	23	26	24 48	17	14
3 2 8	18	24	27	25 35	18	15
3 6 9	19	25	28	26 21	18	16
3 10 12	20	26	29	27 7	19	17
3 14 15	21	27	Ω	27 54	20	18
3 18 19	22	28	1	28 41	21	19
3 22 23	23	29	1	29 28	22	20
3 26 29	24	30	2	0 ♍ 15	23	21
3 30 35	25	♋	3	1 3	24	22
3 34 41	26	1	4	1 50	25	23
3 38 49	27	2	5	2 38	25	24
3 42 57	28	3	6	3 25	26	24
3 47 6	29	4	7	4 13	27	25
3 51 15	30	5	7	5 1	28	26

Panel 3

Tiempo sideral H M S	10 ♊	11 ♋	12 ♌	Ascend. ♍ (° ′)	2 ♏	3 ♎
3 51 15	0	5	7	5 1	28	26
3 55 25	1	6	8	5 50	29	27
3 59 36	2	7	9	6 39	♎	28
4 3 48	3	8	10	7 27	1	29
4 8 0	4	9	11	8 16	2	♏
4 12 13	5	10	12	9 4	3	1
4 16 26	6	11	13	9 53	3	2
4 20 40	7	12	14	10 42	4	3
4 24 55	8	13	15	11 31	5	4
4 29 10	9	14	15	12 21	6	5
4 33 26	10	15	16	13 11	7	6
4 37 42	11	16	17	14 0	8	7
4 41 59	12	17	18	14 50	9	8
4 46 16	13	18	19	15 39	10	9
4 50 34	14	19	20	16 30	11	10
4 54 52	15	20	21	17 20	12	11
4 59 10	16	20	22	18 10	13	12
5 3 29	17	21	22	19 0	14	13
5 7 49	18	22	23	19 50	15	14
5 12 9	19	23	24	20 41	15	15
5 16 29	20	24	25	21 32	16	16
5 20 49	21	25	26	22 22	17	17
5 25 9	22	26	27	23 13	18	18
5 29 30	23	27	28	24 4	19	19
5 33 51	24	28	29	24 55	20	20
5 38 12	25	29	♏	25 46	21	21
5 42 34	26	Ω	1	26 36	22	22
5 46 55	27	1	2	27 27	23	23
5 51 17	28	2	2	28 18	24	24
5 55 38	29	3	3	29 9	25	25
6 0 0	30	4	4	30 0	26	26

Panel 4

Tiempo sideral H M S	10 ♋	11 ♌	12 ♍	Ascend. ♎ (° ′)	2 ♎	3 ♏
6 0 0	0	4	0	0 0	26	24
6 4 22	1	5	5	0 51	27	27
6 8 43	2	6	6	1 42	28	28
6 13 5	3	7	7	2 33	28	29
6 17 26	4	8	8	3 24	29	♐
6 21 48	5	9	9	4 15	♏	1
6 26 9	6	10	10	5 5	1	2
6 30 30	7	11	11	5 56	2	3
6 34 51	8	12	12	6 47	3	4
6 39 11	9	13	13	7 38	4	5
6 43 31	10	14	14	8 28	5	6
6 47 51	11	15	15	9 19	6	7
6 52 11	12	16	16	10 10	7	8
6 56 31	13	17	16	11 0	8	9
7 0 50	14	18	17	11 50	8	10
7 5 8	15	19	18	12 40	9	10
7 9 26	16	20	19	13 30	10	11
7 13 44	17	21	20	14 20	11	12
7 18 1	18	22	21	15 10	12	13
7 22 18	19	23	22	16 0	14	14
7 26 34	20	24	23	16 49	14	15
7 30 50	21	25	24	17 39	15	16
7 35 5	22	26	25	18 29	15	17
7 39 20	23	27	26	19 18	16	18
7 43 34	24	28	27	20 7	17	19
7 47 47	25	29	27	20 56	18	20
7 52 0	26	♏	28	21 44	19	21
7 56 12	27	1	29	22 33	20	22
8 0 24	28	2	♎	23 21	21	23
8 4 35	29	3	1	24 10	22	24
8 8 45	30	4	2	24 59	23	25

Panel 5

Tiempo sideral H M S	10 ♌	11 ♍	12 ♎	Ascend. ♎ (° ′)	2 ♏	3 ♐
8 8 45	0	4	2	24 59	23	25
8 12 54	1	5	3	25 47	23	26
8 17 3	2	6	4	26 35	24	27
8 21 11	3	6	5	27 22	25	28
8 25 19	4	7	5	28 10	26	29
8 29 26	5	8	6	28 57	27	♐
8 33 31	6	9	7	29 45	28	0
8 37 37	7	10	8	0 ♏ 32	29	1
8 41 41	8	11	9	1 19	29	2
8 45 45	9	12	10	2 6	♐	3
8 49 48	10	13	11	2 53	1	4
8 53 51	11	14	12	3 39	2	5
8 57 52	12	15	12	4 25	3	6
9 1 53	13	16	13	5 12	4	7
9 5 53	14	17	14	5 58	5	8
9 9 53	15	18	15	6 44	5	9
9 13 52	16	19	16	7 30	6	10
9 17 50	17	20	17	8 16	7	11
9 21 47	18	21	18	9 1	8	12
9 25 44	19	22	18	9 46	9	13
9 29 40	20	23	19	10 31	10	14
9 33 35	21	24	20	11 17	10	14
9 37 29	22	25	21	12 2	11	15
9 41 23	23	26	22	12 47	12	16
9 45 16	24	27	23	13 32	13	17
9 49 9	25	27	23	14 16	14	18
9 53 1	26	28	24	15 1	15	19
9 56 52	27	29	25	15 45	15	20
10 0 42	28	♎	26	16 29	16	21
10 4 33	29	1	27	17 13	17	22
10 8 23	30	2	27	17 58	18	23

Panel 6

Tiempo sideral H M S	10 ♍	11 ♎	12 ♏	Ascend. ♏ (° ′)	2 ♐	3 ♈
10 8 23	0	2	27	17 58	18	23
10 12 12	1	3	28	18 42	19	24
10 16 0	2	4	29	19 26	19	25
10 19 48	3	5	♏	20 10	20	26
10 23 35	4	6	1	20 54	21	27
10 27 22	5	7	1	21 37	22	28
10 31 8	6	7	2	22 21	23	29
10 34 54	7	8	3	23 5	24	♒
10 38 40	8	9	4	23 48	24	1
10 42 25	9	10	5	24 32	25	2
10 46 9	10	11	5	25 16	26	3
10 49 53	11	12	6	25 59	27	4
10 53 37	12	13	7	26 43	28	5
10 57 20	13	14	8	27 26	29	6
11 1 3	14	15	9	28 9	♈	7
11 4 46	15	16	9	28 53	1	8
11 8 28	16	16	10	29 36	1	9
11 12 10	17	17	11	0 ♐ 19	2	10
11 15 52	18	18	12	1 3	3	11
11 19 34	19	19	12	1 47	4	12
11 23 15	20	20	13	2 31	5	13
11 26 56	21	21	14	3 14	6	14
11 30 37	22	22	15	3 58	7	15
11 34 18	23	23	15	4 41	7	16
11 37 58	24	23	16	5 25	8	17
11 41 39	25	24	17	6 9	9	18
11 45 19	26	25	18	6 53	10	19
11 49 0	27	26	18	7 37	11	20
11 52 40	28	27	19	8 21	12	21
11 56 20	29	28	20	9 5	13	22
12 0 0	30	29	21	9 50	14	23

Se aconseja anotar los datos en una hoja antes de representarlos en el gráfico, para evitar repetir varias consultas a la tabla.

Las tablas proporcionan la posición de seis Casas solamente, ya que cada una tiene otra diametralmente opuesta situada en el mismo grado del signo opuesto. Al representar estas posiciones en el gráfico, esto se hace evidente y sencillo.

Antes de dibujar las líneas que delimitan las Casas, es necesario posicionar correctamente el gráfico, girándolo hasta que el signo correspondiente al ascendente esté a la izquierda. En nuestro ejemplo, el signo de Escorpio debe colocarse a la izquierda. Con una regla, se puede dibujar la línea del ascendente, que partirá de los 14° 16′ de Escorpio (el gráfico está graduado para ello) y, atravesando el centro del círculo, terminará en los 14° 16′ de Tauro, signo opuesto a Escorpio. De esta manera, también se habrá indicado el descendente. Esta línea, por su importancia, debe resaltarse extendiéndola más allá de la circunferencia.

Con el mismo procedimiento, se traza la línea del eje Medio Cielo - Fondo Cielo, que partirá de los 25° de Leo (X Casa) y llegará a los 25° de Acuario (IV Casa). Esta línea también debe resaltarse. Asimismo, se deben dibujar las Casas 11 y 5 (27° de Virgo - 27° de Piscis), 12 y 6 (23° de Libra - 23° de Aries), 2 y 8 (14° de Sagitario - 14° de Géminis), y 3 y 9 (18° de Capricornio - 18° de Cáncer). Sin embargo, estas líneas no necesitan resaltarse y deben terminar en el borde interno de la circunferencia.

Una vez completada la domificación, basta con numerar cada Casa en su espacio correspondiente. Se recomienda usar números romanos para las Casas I, IV, VII y X, las cuales están delimitadas por los ejes ascendente-descendente y Medio Cielo-Fondo Cielo. Estas Casas, conocidas como cardinales, representan los cuatro sectores fundamentales o cuadrantes del tema.

La figura 4 de la página siguiente muestra el aspecto final del gráfico al completar esta fase.

Quien disponga de las tablas de Casas podrá realizar el mismo procedimiento para construir su propio tema y marcar las posiciones de las Casas en su ficha astrológica personal (página 48).

La segunda fase de la construcción del tema astral consiste en representar en el gráfico las posiciones de los planetas al momento del nacimiento. Para esto, es imprescindible contar con las efemérides, un instrumento fundamental para el astrólogo, que proporciona las longitudes de todos los planetas en los signos del zodiaco, especificados en grados,

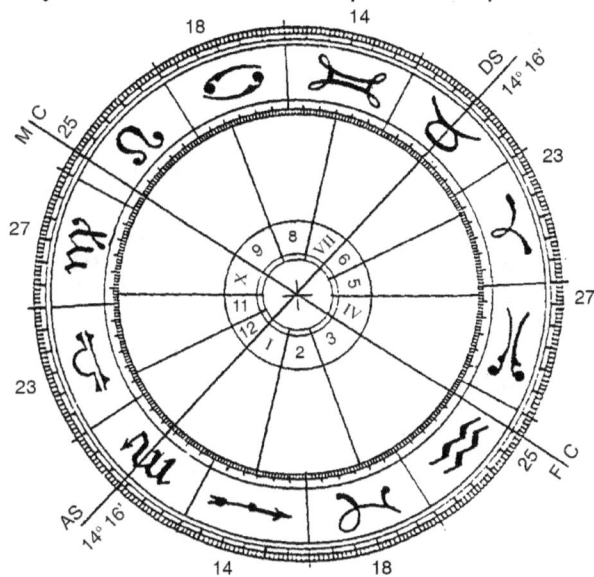

Fig. 4

NACIMIENTO OCURRIDO EN BURGOS
EL 15 DE JUNIO DE 1970 - A LAS 17,30 HORAS (HORA OFICIAL)

minutos y segundos. En las páginas 66 y 67 se incluye una tabla de efemérides correspondiente al periodo de estudio del ejemplo (junio de 1970). Antes de proceder con su análisis, recordamos que los signos zodiacales se representan mediante los símbolos previamente ilustrados. Asimismo, los planetas también se identifican con sus respectivos símbolos gráficos, los cuales serán explicados individualmente.

Con esta base, procederemos al examen de las efemérides.

Fuentes recomendadas de efemérides:

Las ediciones de efemérides más comunes y accesibles son las siguientes:

- **The Rosacrucian Ephemeris 1900-2000**, Ed. Maison Rosacrucienne (horas 00:00).
- **The American Ephemeris 1900-2000**, Neil F. Michelsen, Ed. Astro Computing Services (horas 00:00).
- **Die Deutsche Ephemeride**, Barth (edición decenal, horas 00:00).
- **Raphael's Ephemeris**, Ed. Foulsham & Co. (edición anual, horas 12:00).

EFEMÉRIDES RELATIVAS A JUNIO DE 1970					
Fecha	Tiempo sideral	☉	☽	☿	♀
	h min s	° ′ ″	° ′ ″	° ′ ″	° ′ ″
1 Lu	16 36 15	10♊05 42	2♉13 19	16♉40 8	11♋17 0
2 Ma	16 40 12	11 03 13	15 37 14	17 24 5	12 28 7
3 Mi	16 44 08	12 00 43	28 49 22	18 12 0	13 40 4
4 Ju	16 48 05	12 58 12	11♊48 14	19 03 2	14 52 1
5 Vi	16 52 01	13 55 40	24 32 42	19 57 9	16 03 7
6 Sa	16 55 58	14 53 08	7♋02 26	20 56 1	17 15 2
7 Do	16 59 55	15 50 34	19 18 08	21 57 8	18 26 7
8 Lu	17 03 51	16 47 59	1♌21 35	23 02 8	19 38 1
9 Ma	17 07 48	17 45 23	13 15 41	24 11 0	20 49 5
10 Mi	17 11 44	18 42 46	25 04 22	25 22 5	22 00 8
11 Ju	17 15 41	19 40 08	6♍52 16	26 37 1	23 12 1
12 Vi	17 19 37	20 37 29	18 44 35	27 54 9	24 23 3
13 Sa	17 23 34	21 34 49	0♎46 46	29 15 7	25 34 4
14 Do	17 27 31	22 32 08	13 04 10	0 ♊39 7	26 45 5
15 Lu	17 31 27	23 29 26	25 41 35	2 06 6	27 56 5
16 Ma	17 35 24	24 26 43	8♏42 44	3 36 5	29 07 4
17 Mi	17 39 20	25 24 00	22 09 38	5 09 4	0♌18 4
18 Ju	17 43 17	26 21 15	6♐02 03	6 45 3	1 29 0
19 Vi	17 47 13	27 18 31	20 17 09	8 24 1	2 39 8
20 Sa	17 51 10	28 15 46	4♑49 37	10 05 9	3 50 4
21 Do	17 55 06	29 13 00	19 32 25	11 50 4	5 01 0
22 Lu	17 59 03	0♋10 14	4♒17 49	13 37 8	6 11 5
23 Ma	18 03 00	1 07 27	18 58 45	15 27 9	7 21 9
24 Mi	18 06 56	2 04 41	3♓29 41	17 20 7	8 32 3
25 Ju	18 10 53	3 01 54	17 47 03	19 16 1	9 42 5
26 Vi	18 14 49	3 59 07	1♈49 09	21 13 9	10 52 8
27 Sa	18 18 46	4 56 20	15 35 42	23 14 0	12 02 9
28 Do	18 22 42	5 53 34	29 07 14	25 16 3	13 12 9
29 Lu	18 26 39	6 50 47	12♉24 36	27 20 4	14 22 9
30 Ma	18 30 35	7♋48 00	25 28 37	29♊26 4	15♌32 8

EFEMÉRIDES RELATIVAS A JUNIO DE 1970

♂			♃			♄			♅			♆			♇		
°	,	,,	°	,	,,	°	,	,,	°	,	,,	°	,	,,	°	,	,,
29 ♊08		9	26 ♎R48		9	15 ♉R47		0	4 ♎R42		8	29 ♏R13		8	24 ♍R40		8
29	48	7	26	45	1	15	54	3	4	42	2	29	12	2	24	40	7
0 ♋28		4	26	41	4	16	01	5	4	41	7	29	10	6	24	40	6
1	08	1	26	37	9	16	08	7	4	41	2	29	09	0	24	40	6
1	47	7	26	34	5	16	15	8	4	40	8	29	07	5	24	40	5
2	27	4	26	31	3	16	22	9	4	40	4	29	05	9	24	40	6
3	07	0	26	28	3	16	30	0	4	40	1	29	04	4	24	40	6
3	46	6	26	25	5	16	37	1	4	39	9	29	02	8	24	40	7
4	26	1	26	22	8	16	44	1	4	39	6	29	01	3	24	40	4
5	05	6	26	20	3	16	51	0	4	39	5	29	59	8	24	40	9
5	45	1	26	18	0	16	58	0	4	39	4	28	58	3	24	41	1
6	24	6	26	15	9	17	04	9	4	39	3	28	56	8	24	41	3
7	04	0	26	13	9	17	11	7	4	39	4	28	55	3	24	41	5
7	43	4	26	12	2	17	18	5	4	39	4	28	53	9	24	41	8
8	22	8	26	10	6	17	25	3	4	39	5	28	52	4	24	42	1
9	02	1	26	09	1	17	32	0	4	39	7	28	51	0	24	42	4
9	41	4	26	07	9	17	38	6	4	39	9	28	49	6	24	42	8
10	20	7	26	06	8	17	45	3	4	40	2	28	48	2	24	43	2
11	00	0	26	06	0	17	51	8	4	40	5	28	46	8	24	43	6
11	39	2	26	05	3	17	58	4	4	40	9	28	45	4	24	44	1
12	18	4	26	04	8	18	04	8	4	41	3	28	44	1	24	44	6
12	57	6	26	04	4	18	11	3	4	41	8	28	42	8	24	45	1
13	36	8	26	04	3	18	17	6	4	42	3	28	41	4	24	45	7
14	15	9	26	04	3	18	23	9	4	42	9	28	40	1	24	46	3
14	55	1	26	04	5	18	30	2	4	43	6	28	39	9	24	46	9
15	34	2	26	04	8	18	36	4	4	44	3	28	37	6	24	47	5
16	13	2	26	05	4	18	42	6	4	45	0	28	36	4	24	48	2
16	52	3	26	06	1	18	48	7	4	45	8	28	35	1	24	48	9
17	31	3	26	07	0	18	54	7	4	46	7	28	33	9	24	49	7
18 ♋10		4	26 ♎08		1	19 ♉00		7	4 ♎47		6	28 ♏32		8	24 ♍50		4

Empezando por la izquierda, la primera columna cita el día del mes y de la semana. La segunda columna, titulada *"tiempo sideral"*, proporciona la hora sideral para las 00:00 horas del día considerado, que, como se puede observar, coincide con el tiempo sideral indicado en el cuadro de la página 57. Este cuadro es una tabla resumida y, por lo tanto, no es exacta al segundo. Recordemos que la hora sideral se utiliza para efectuar la domificación.

La mayoría de las efemérides disponibles en las librerías proporcionan la hora sideral y las longitudes de los planetas para las 00:00 horas, aunque algunas ediciones las ofrecen para las 12:00 horas. En cada caso, el horario de referencia se indica claramente. Es importante señalar que las horas 00:00 (o 12:00) se refieren al tiempo del meridiano de Greenwich. Por ello, para los cálculos, es necesario ajustar la hora de nacimiento local. Por ejemplo, si la hora de nacimiento es a las 17:30, se corrige restando una hora por el huso horario y otra adicional si corresponde al horario oficial de verano. Así, en este caso, la hora corregida sería las 16:30.

La tercera columna indica la longitud del Sol (símbolo gráfico:). Para simplificar los cálculos, basta con considerar como válida la posición indicada para nacimientos anteriores a las 12:00 horas y redondearla al grado superior para nacimientos posteriores a las 12:00 horas. En el ejemplo, la posición del Sol es de 24° en Géminis, dato que se anotará junto con los demás.

La cuarta columna da la longitud de la Luna (símbolo gráfico:). La Luna es el astro que se desplaza con mayor rapidez, cambiando su posición día a día, aproximadamente un grado cada 2 horas. Para calcular su posición con precisión aproximada:

- La longitud de la Luna a las 00:00 horas del día tomado como ejemplo (15 de junio) es de 25° 41' 35'' en Libra.
- Con el horario de nacimiento corregido (16:30), calculamos su desplazamiento en este intervalo de tiempo. En 16 horas y 30 minutos, la Luna habrá avanzado unos 8° 15'.
- Sumando el desplazamiento al valor inicial: 25° 41' + 8° 15' = 33° 56'.

Sin embargo, es necesario ajustar este resultado, ya que cada signo tiene 30°. Si la longitud de un planeta supera este valor, significa que ha pasado al signo siguiente. En este caso, la posición de la Luna sería 3° 56' en Escorpio (el signo siguiente a Libra).

La quinta columna proporciona la longitud de Mercurio (símbolo gráfico:). Para el día 15 de junio a las 00:00 horas, su longitud es de 2° 06' en Géminis.

En caso de que el nacimiento haya ocurrido en el hemisferio norte, se deben ajustar las posiciones planetarias de acuerdo con la hora local y las coordenadas geográficas del lugar de nacimiento. Para esto, es esencial conocer la diferencia horaria con respecto al Tiempo Universal (UT) y aplicar las correcciones pertinentes.

Por ejemplo, si el nacimiento tuvo lugar a las 15:30 hora local en una ciudad cuya diferencia horaria con el UT es de +2 horas, se restarán esas 2 horas para obtener la hora en UT (en este caso, 13:30). A partir de ahí, se procede a realizar las interpolaciones necesarias para determinar las posiciones precisas de los planetas en ese momento.

También es importante tener en cuenta la latitud del lugar de nacimiento, ya que afecta la inclinación de las Casas en el gráfico natal. Esto se calcula con la ayuda de una tabla de casas o programas astrológicos que permiten trazar con precisión el ascendente y las cúspides de las Casas.

NACIMIENTO OCURRIDO EN HEMISFERIO SUR

Cuando el nacimiento tiene lugar en el hemisferio sur, se deben realizar ajustes adicionales debido a las diferencias en la perspectiva celestial. Por ejemplo, el zodíaco se percibe invertido, y esto influye en la posición aparente de los planetas y en el cálculo del ascendente.

En este caso, las efemérides y tablas utilizadas deben especificar explícitamente cómo realizar las correcciones para el hemisferio sur. Si no se cuenta con material específico para esta región, es recomendable utilizar software astrológico moderno que incorpore estas variaciones de forma automática.

REPRESENTACIÓN GRÁFICA DEL HORÓSCOPO

Una vez calculadas todas las posiciones planetarias y las cúspides de las Casas, se procede a la representación gráfica del horóscopo. Este diagrama, conocido como carta natal o mapa astral, muestra la distribución de los planetas en los signos zodiacales y su relación con las Casas astrológicas.

En el centro del gráfico se coloca el símbolo que representa la Tierra (o el Sol, en los sistemas heliocéntricos). Las Casas se distribuyen alrededor del círculo, comenzando por el ascendente, que marca la cúspide de la primera Casa, y continuando en sentido contrario a las agujas del reloj.

Los planetas se ubican en los signos correspondientes, indicando tanto su posición longitudinal como las posibles retrogradaciones o cambios de movimiento. También se trazan líneas que representan los aspectos entre planetas, como conjunciones, oposiciones, trígonos y cuadraturas, que permiten interpretar las interacciones energéticas en el horóscopo.

INTERPRETACIÓN DEL HORÓSCOPO

La interpretación de la carta natal requiere un análisis detallado de los siguientes elementos principales:

1. Posición de los planetas por signo y Casa.
2. Aspectos entre planetas.
3. Relación del ascendente con el resto de la carta.
4. Dominancia de ciertos elementos o modalidades (fuego, tierra, aire, agua; cardinal, fijo, mutable).

Cada uno de estos factores contribuye a formar un retrato único de la personalidad, las tendencias y las potencialidades del individuo. Por ello, la astrología natal es considerada una herramienta valiosa tanto para el autoconocimiento como para la orientación en la vida.

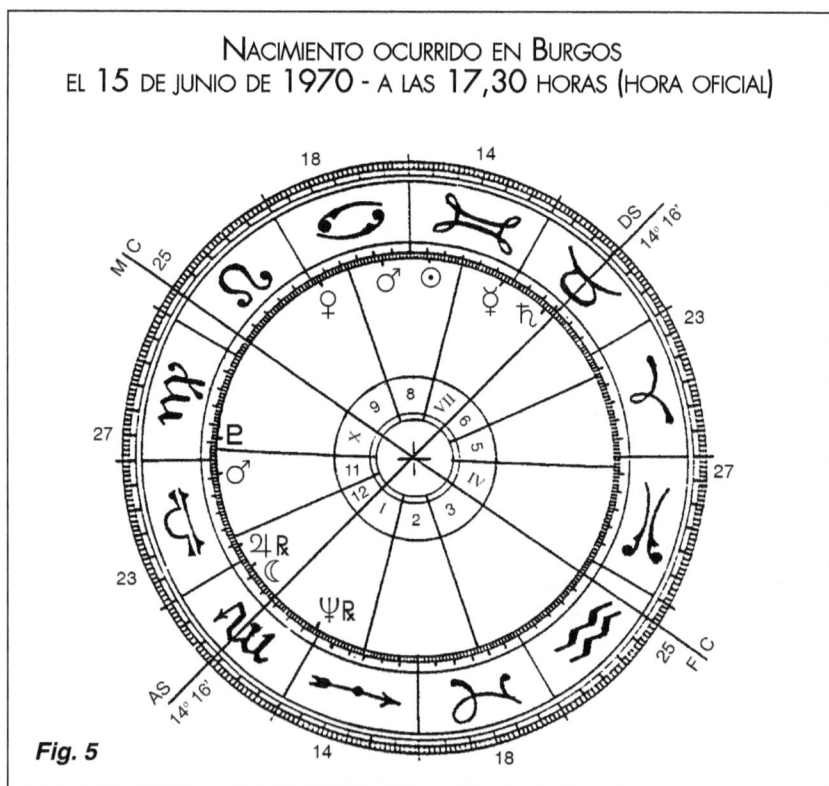

NACIMIENTO OCURRIDO EN BURGOS
EL 15 DE JUNIO DE 1970 - A LAS 17,30 HORAS (HORA OFICIAL)

Fig. 5

Significado de los planetas

Luna

La Luna simboliza la esfera receptiva y sensible de la persona, su capacidad de imaginación, intuición y asimilación emocional. En el plano del carácter, refleja emotividad, susceptibilidad e inclinación a la melancolía, pero también talentos creativos, fantasía y un toque de capricho. Regula la forma en que reaccionamos ante la diversidad de situaciones externas, lo que se traduce en adaptabilidad. Representa el cambio constante en las circunstancias, las relaciones con los demás, la colectividad, así como las cualidades mágicas y misteriosas que escapan a una explicación racional: la atracción profunda y secreta, las premoniciones y los dones extrasensoriales.

La Luna también está estrechamente vinculada a la figura materna, representando la imagen de la madre que llevamos con nosotros. En los temas femeninos, define el tipo de feminidad, las expectativas emocionales y el comportamiento frente al otro sexo. En los temas masculinos, revela la percepción de la mujer y la figura femenina idealizada. Además, la Luna se asocia con la familia, el entorno doméstico y las vivencias de la infancia. Su posición en el tema astral puede señalar inseguridades o inmadureces derivadas de las primeras experiencias de vida y de los lazos familiares.

Asimismo, la Luna denota una necesidad de protección, pasividad, y una marcada influenciabilidad, reflejando cómo la persona se integra en el flujo de la vida. Aporta rasgos de sociabilidad, cordialidad, candor, confianza, así como una necesidad de compañía y apoyo emocional.

	En.	Feb.	Mar.	Abr.	May.	Jun.	Jul.	Ag.	Sept.	Oct.	Nov.	Dic.
				TABLA -A- PARA BUSCAR LA POSICIÓN DE LA LUNA								
1920	2,7	6,4	8,1	11,8	14,4	18,1	20,8	24,5	0,8	3,5	7,2	9,9
1921	13,5	17,2	17,9	21,6	24,3	0,6	3,3	7,0	10,7	13,3	17,0	19,7
1922	23,4	27,0	0,4	4,1	6,8	10,4	13,1	16,8	20,5	23,2	26,8	2,2
1923	5,9	9,5	10,2	13,9	16,6	20,3	22,9	26,6	3,0	5,6	9,3	12,0
1924	15,7	19,4	21,0	24,7	0,1	3,8	6,4	10,1	13,8	16,5	20,1	22,8
1925	26,5	2,9	3,5	7,2	9,9	13,6	16,3	19,9	23,6	26,3	2,6	5,3
1926	9,0	12,7	13,4	17,0	19,7	23,4	26,1	2,4	6,1	8,8	12,5	15,1
1927	18,8	22,5	23,2	26,9	2,2	5,9	8,6	12,2	15,9	18,6	22,3	25,0
1928	1,3	5,0	6,7	10,4	13,0	16,7	19,4	23,1	26,7	2,1	5,8	8,5
1929	12,1	15,8	16,5	20,2	22,9	26,5	1,9	5,6	9,2	11,9	15,6	18,3
1930	22,0	25,6	26,3	2,7	5,3	9,0	11,7	15,4	19,1	21,7	25,4	0,8
1931	4,5	8,1	8,8	12,5	15,2	18,8	21,5	25,2	1,6	4,2	7,9	10,6
1932	14,3	18,0	19,6	23,3	26,0	2,3	5,0	8,7	12,4	15,1	18,7	21,4
1933	25,1	1,5	2,1	5,8	8,5	12,2	14,8	18,5	22,2	24,9	1,2	3,9
1934	7,6	11,3	11,9	15,6	18,3	22,0	24,7	1,0	4,7	7,4	11,1	13,7
1935	17,4	21,1	21,8	25,4	0,8	4,5	7,2	10,8	14,5	17,2	20,9	23,6
1936	27,2	3,6	5,3	8,9	11,6	15,3	18,0	21,7	25,3	0,7	4,4	7,1
1937	10,7	14,4	15,1	18,8	21,4	25,1	0,5	4,2	7,8	10,5	14,2	16,9
1938	20,5	24,2	24,9	1,3	3,9	7,6	10,3	14,0	17,7	20,3	24,0	26,7
1939	3,0	6,7	7,4	11,1	13,8	17,4	20,1	23,8	0,2	2,8	6,5	9,2
1940	12,9	16,5	18,2	21,9	24,6	0,9	3,6	7,3	11,0	13,6	17,3	20,0
1941	23,7	0,0	0,7	4,4	7,1	10,8	13,4	17,1	20,8	23,5	27,1	2,5
1942	6,2	9,9	10,5	14,2	16,9	20,6	23,3	26,9	3,3	6,0	9,6	12,3
1943	16,0	19,7	20,4	24,0	26,7	3,1	5,8	9,4	13,1	15,8	19,5	22,1
1944	25,8	2,2	3,9	7,5	10,2	13,9	16,6	20,2	23,9	26,6	3,0	5,6
1945	9,3	13,0	13,7	17,4	20,0	23,7	26,4	2,7	6,4	9,1	12,8	15,5
1946	19,1	22,8	23,5	27,2	2,5	6,2	8,9	12,6	16,2	18,9	22,6	25,3
1947	1,6	5,3	6,0	9,7	12,4	16,0	18,7	22,4	26,1	1,4	5,1	7,8
1948	11,5	15,1	16,8	20,5	23,2	26,8	2,2	5,9	9,6	12,2	15,9	18,6
1949	22,3	26,0	26,6	3,0	5,7	9,3	12,0	15,7	19,4	22,1	25,7	1,1
1950	4,8	8,5	9,1	12,8	15,5	19,2	21,8	25,5	1,9	4,6	8,2	10,9
1951	14,6	18,3	18,9	22,6	25,3	1,7	4,3	8,0	11,7	14,4	18,1	20,7
1952	24,4	0,8	2,4	6,1	8,8	12,5	15,2	18,8	22,5	25,2	1,6	4,2
1953	7,9	11,6	12,3	15,9	18,6	22,3	25,0	1,3	5,0	7,7	11,4	14,1
1954	17,7	21,4	22,1	25,8	1,1	4,8	7,5	11,2	14,8	17,5	21,2	23,9

TABLA -A- PARA BUSCAR LA POSICIÓN DE LA LUNA											
	En.	Feb.	Mar.	Abr.	May.	Jun.	Jul.	Ag.	Sept.	Oct.	Nov.	Dic.
1955	0,2	3,9	4,6	8,3	10,9	14,6	17,3	21,0	24,7	0,0	3,7	6,4
1956	10,0	13,7	15,4	19,1	21,8	25,4	0,8	4,5	8,2	10,8	14,5	17,2
1957	20,9	24,5	25,2	1,6	4,3	7,9	10,6	14,3	18,0	20,7	24,3	27,0
1958	3,4	7,0	7,7	11,4	14,1	17,8	20,4	24,1	0,5	3,1	6,8	9,5
1959	13,2	16,9	17,5	21,2	23,9	0,3	2,9	6,6	10,3	13,0	16,6	19,3
1960	23,0	26,7	1,0	4,7	7,4	11,1	13,8	17,4	21,1	23,8	0,1	2,8
1961	6,5	10,2	10,9	14,5	17,2	20,9	23,6	27,2	3,6	6,3	10,0	12,6
1962	16,3	20,0	20,7	24,4	27,0	3,4	6,1	9,7	13,4	16,1	19,8	22,5
1963	26,1	2,5	3,2	6,9	9,5	13,2	15,9	19,6	23,2	25,9	2,3	5,0
1964	8,6	12,3	14,0	17,7	20,4	24,0	26,7	3,1	6,7	9,4	13,1	15,8
1965	19,5	23,1	23,8	0,2	2,8	6,5	9,2	12,9	16,6	19,2	22,9	25,6
1966	2,0	5,6	6,3	10,0	12,7	16,3	19,0	22,7	26,4	1,7	5,4	8,1
1967	11,8	15,5	16,1	19,8	22,5	26,2	1,5	5,2	8,9	11,6	15,2	17,9
1968	21,6	25,3	27,0	3,3	6,0	9,7	12,3	16,0	19,7	22,4	26,1	1,4
1969	5,1	8,8	9,4	13,1	15,8	19,5	22,2	25,8	2,2	4,9	8,6	11,2
1970	14,9	18,6	19,3	22,9	25,6	2,0	4,7	8,3	12,0	14,7	18,4	21,1
1971	24,7	1,1	1,8	5,4	8,1	11,8	14,5	18,2	21,8	24,5	0,9	3,5
1972	7,2	10,9	12,6	16,3	18,9	22,6	25,3	1,7	5,3	8,0	11,7	14,4
1973	18,0	21,7	22,4	26,1	1,4	5,1	7,8	11,5	15,2	17,8	21,5	24,2
1974	0,5	4,2	4,9	8,6	11,3	14,9	17,6	21,3	25,0	0,3	4,0	6,7
1975	10,4	14,0	14,7	18,4	21,1	24,8	0,1	3,8	7,5	10,1	13,8	16,5
1976	20,2	23,9	25,5	1,9	4,6	8,3	10,9	14,6	18,3	21,0	24,6	0,0
1977	3,7	7,4	8,0	11,7	14,4	18,1	20,8	24,4	0,8	3,5	7,1	9,8
1978	13,5	17,2	17,9	21,5	24,2	0,6	3,3	6,9	10,6	13,3	17,0	19,6
1979	23,3	27,0	0,4	4,0	6,7	10,4	13,1	16,7	20,4	23,1	26,8	2,1
1980	5,8	9,5	11,2	14,9	17,5	21,2	23,9	0,2	3,9	6,6	10,3	13,0
1981	16,6	20,3	21,0	24,7	0,0	3,7	6,4	10,1	13,7	16,4	20,1	22,8
1982	26,5	2,8	3,5	7,2	9,8	13,5	16,2	19,9	23,6	26,2	2,6	5,3
1983	9,0	12,6	13,3	17,0	19,7	23,3	26,0	2,4	6,1	8,7	12,4	15,1
1984	18,8	22,5	24,1	0,5	3,2	6,8	9,5	13,2	16,9	19,6	23,2	25,9
1985	2,3	6,0	6,6	10,3	13,0	16,7	19,3	23,0	26,7	2,1	5,7	8,4
1986	12,1	15,8	16,4	20,1	22,8	26,5	1,8	5,5	9,2	11,9	15,6	18,2
1987	21,9	25,6	26,3	2,6	5,3	9,0	11,7	15,3	19,0	21,7	25,4	0,7
1988	4,4	8,1	9,8	13,4	16,1	19,8	22,5	16,2	2,5	5,2	8,9	11,6
1989	15,2	18,9	19,6	23,3	25,9	2,3	5,0	8,7	12,3	15,0	18,7	21,4

Cómo encontrar la posición de la Luna

La Luna, al ser el astro que se mueve más rápido por la banda zodiacal, cambia de signo cada 60 horas aproximadamente, lo que dificulta conocer su posición sin las efemérides. Por ello, se utilizan las tablas A y B.

En la tabla A, se busca el año y mes de nacimiento; el número resultante de la intersección de fila y columna se suma al día del nacimiento. Este resultado se consulta en la tabla B, donde se identifica el signo zodiacal en el que estaba la Luna.

Ejemplo: para un nacimiento el 17 de julio de 1987, la tabla A asigna el número 11,7. Sumado al día de nacimiento: 11,7 + 17 = 28,7. Según la tabla B, la Luna estaba en Aries. Este dato puede incluirse en la ficha astrológica personal de la página 48.

TABLA -B- PARA BUSCAR LA POSICIÓN DE LA LUNA					
0	Aries	2,7	32,3	Géminis	34,6
2,7	Tauro	5	34,6	Cáncer	36,9
5	Géminis	7,3	36,9	Leo	39,2
7,7	Cáncer	9,6	39,2	Virgo	41,2
9,6	Leo	11,8	41,2	Libra	43,7
11,8	Virgo	14,1	43,7	Escorpio	46
14,1	Libra	16,4	46	Sagitario	48,3
16,4	Escorpio	18,7	48,3	Capricornio	50,5
18,7	Sagitario	20,9	50,5	Acuario	52,8
20,9	Capricornio	23,2	52,8	Piscis	55,1
23,2	Acuario	25,2	55,1	Aries	57,4
25,2	Piscis	27,8	57,4	Tauro	59,6
27,8	Aries	30	59,6	Géminis	61,9
30	Tauro	32,3	61,9	Cáncer	—

MERCURIO   VENUS   MARTE

Después del Sol y la Luna, estos tres planetas desempeñan un papel fundamental en la configuración de los rasgos más distintivos de la personalidad, trazando las líneas esenciales del **retrato** astral.

Debido a la constante variación de sus posiciones en el zodiaco, no es posible incluir aquí las tablas sinópticas correspondientes. Sin embargo, estas posiciones pueden calcularse a partir de las efemérides (véase la nota en la página 65). Posteriormente, podrá registrar las posiciones específicas en su ficha astrológica personal, ubicada en la página 48.

Mercurio: El Vínculo entre el Individuo y el Conocimiento

Mercurio representa el nexo entre el individuo y el mundo a través del conocimiento, la actividad cerebral y, en consecuencia, las facultades intelectuales. Este planeta rige la percepción, la capacidad de análisis, la observación, la versatilidad mental, la rapidez de reflejos, la curiosidad, la perspicacia, la ingeniosidad y la capacidad de comprender y reelaborar ideas y conceptos. En otras palabras, Mercurio es el regente de la inteligencia y el pensamiento, determinando las habilidades expresivas y la mentalidad de una persona más allá de cualquier implicación emocional o sentimental.

Asimismo, Mercurio gobierna la comunicación de ideas, abarcando tanto la palabra hablada como la escrita. Indica la capacidad de aprender y de transmitir información de manera efectiva. Como planeta del movimiento y la vitalidad, está estrechamente vinculado a los viajes, los desplazamientos y los medios de transporte y comunicación. También influye en las relaciones sociales, ya que determina la diplomacia, la capacidad de adaptación mental, la astucia y el oportunismo.

En un análisis astrológico, Mercurio representa las relaciones con los hermanos, hermanas, coetáneos e incluso con los hijos. Se asocia con la juventud y la adolescencia, aportando al carácter un componente de alegría, despreocupación y sentido del humor.

Cuando Mercurio ocupa una posición dominante en un tema astral, la personalidad se caracteriza por una curiosidad insaciable, agudeza mental y un enfoque racional. La persona siente la necesidad constante de conocer y expresarse, comunicando sus pensamientos con ironía aguda y un espíritu crítico que, en ocasiones, puede tornarse polémico. Su mente rápida y nerviosa le permite adaptarse con facilidad a diversos entornos, desenvolviéndose con soltura y persuasión. Su vitalidad y frescura juvenil le hacen destacar en la interacción social. Además, posee un notable sentido para los negocios y un talento intelectual innato que le permite afrontar desafíos con ingenio y astucia.

Venus

Venus rige la esfera del sentimiento y del placer, los vínculos afectivos con el mundo exterior y las gratificaciones que de él se reciben. Representa la capacidad de amar en su sentido más amplio: la expresión de los propios sentimientos, el grado de altruismo y la disposición a la implicación emocional. También simboliza la sensibilidad por la belleza, la armonía y el disfrute sereno de los placeres de la vida.

Es el planeta de la paz, la conciliación y la comprensión basada en el amor, elementos esenciales para una vida social fluida y armoniosa. Su influencia favorece el éxito y la simpatía, pues potencia la atracción personal más allá del aspecto físico: determina la sensualidad y la capacidad de generar comprensión y afinidad.

La vida amorosa está especialmente influenciada por Venus, que define las expectativas sentimentales, la forma de relacionarse con la pareja y de manifestar el amor y la fidelidad. Su posición en el tema astral proporciona claves sobre la vida afectiva: los escenarios más propicios para el amor, las uniones más prometedoras y los posibles desafíos en la pareja o en la sexualidad.

Además, Venus rige el gusto estético, el talento artístico y la creatividad. Cuando ocupa una posición dominante en el tema natal, confiere un temperamento sociable, amable y encantador. Estas personas, sensibles pero poco inclinadas al esfuerzo, prefieren el placer al compromiso. Sin embargo, suelen verse favorecidas por el entorno y la simpatía ajena. Llamado la "pequeña fortuna", Venus protege a quienes nacen bajo su influjo, otorgándoles la capacidad de hacerse querer y de disfrutar plenamente de la vida.

Marte

Marte simboliza la energía agresiva que impulsa al individuo a actuar en el mundo, superar obstáculos e imponer su personalidad. Representa la fuerza de la acción, la voluntad y la vitalidad con las que una persona afronta la vida. Su influencia se manifiesta como un impulso instintivo e impetuoso, libre de restricciones, lo que fomenta el coraje, la combatividad, la competencia y el antagonismo.

En el carácter, Marte indica independencia, liderazgo y dinamismo, así como entusiasmo, pero también rebeldía e irascibilidad. Dependiendo de su posición en el tema astral, su energía puede desembocar en imprudencia, actitudes impulsivas y hasta destructivas. Si la carga activa de Marte se ve bloqueada, puede generar frustración, desánimo e incapacidad para actuar con determinación. Su influencia es clave para definir la capacidad de materializar objetivos a través de la acción directa.

El planeta también rige la vitalidad física y la predisposición al deporte, los conflictos, los enfrentamientos y hasta los accidentes. En el horóscopo femenino, Marte representa la figura del amante o esposo, la imagen masculina que genera mayor atracción. En el horóscopo masculino, simboliza su propia virilidad.

Una posición dominante de Marte en la carta natal indica un temperamento impulsivo, dinámico y rápido en la toma de decisiones. Denota una personalidad autónoma, con una fuerte inclinación a imponerse por la fuerza, aunque con poca sensibilidad o tacto. La confianza en sí mismo y la tenacidad que otorga Marte pueden conducir a grandes logros, siempre que se canalicen con esfuerzo y disciplina.

LOS PLANETAS LENTOS

JÚPITER	SATURNO	URANO	NEPTUNO	PLUTÓN

Júpiter y su influencia en la personalidad

Con Júpiter comienza el grupo de los planetas más lentos, cuya influencia es de carácter global y orienta la personalidad a partir de las características expresadas por los planetas rápidos, ya analizados previamente.

En las páginas 83 a 94 se encuentran las tablas sinópticas con las posiciones zodiacales de estos planetas a lo largo del siglo XX, organizadas por signos. Así, un nativo de Aries, por ejemplo, solo necesita consultar la tabla correspondiente a su signo para conocer la ubicación de los planetas lentos en el momento de su nacimiento. Estas posiciones pueden luego registrarse en la ficha astrológica personal de la página 48.

Venus

Venus rige el ámbito del sentimiento y el placer, así como los lazos afectivos de una persona con el mundo exterior y las gratificaciones que recibe de él. Representa, por tanto, la capacidad de amar en su sentido más amplio: el tipo de afectividad y la expresión de los propios sentimientos, el grado de altruismo y la disposición a la implicación emocional.

Asimismo, Venus simboliza la sensibilidad hacia todo lo bello, agradable y armonioso, así como la capacidad de disfrutarlo con un sereno hedonismo. Es el astro de la paz, la conciliación y la comprensión basada en el amor, desempeñando un papel clave en la fluidez y armonía de la vida social. Su influencia promete simpatías y éxitos, pues constituye un elemento fundamental en la atracción personal, no solo en el aspecto físico, sino también en la habilidad de generar comprensión y magnetismo.

La vida amorosa está particularmente influenciada por Venus, que no solo determina la disposición sentimental de una persona, sino también sus gustos y expectativas, su actitud ante la pareja y la manera de expresar amor y fidelidad. La posición de Venus en la carta astral brinda indicaciones valiosas sobre la vida sentimental: los entornos más propicios para encuentros afectivos, las uniones más prometedoras y posibles desafíos en las relaciones de pareja o en la esfera sexual.

Además, Venus rige el sentido estético, el talento artístico y las capacidades creativas.

Cuando este planeta ocupa una posición dominante en el tema natal, confiere un temperamento sociable, afable y carismático. La persona es sensible, aunque no necesariamente trabajadora, ya que suele preferir el placer al esfuerzo. Sin embargo, a menudo se siente favorecida por las circunstancias, por el apoyo y la simpatía de los demás. Venus, conocida como "la pequeña fortuna", brinda protección y favorece a quienes se encuentran bajo su influencia, dotándolos de encanto y la capacidad de disfrutar plenamente de las alegrías de la vida.

Marte

Marte simboliza la energía y el impulso agresivo que el individuo necesita para abrirse paso en el mundo, superar obstáculos e imponer

su personalidad. Es el astro de la acción y la afirmación personal, reflejando la fuerza de voluntad, la vitalidad y la determinación con la que una persona afronta las circunstancias de la vida. Su influencia se manifiesta en una energía instintiva e impetuosa, exenta de restricciones, promoviendo el atrevimiento, el coraje, el espíritu de lucha y la competencia.

En el carácter, Marte representa la independencia, la capacidad de liderazgo y el dinamismo, pero también la rebeldía, la impulsividad y la irascibilidad. Su posición en la carta astral puede canalizarse de manera positiva, brindando audacia y resistencia, o, por el contrario, conducir a la imprudencia, reacciones abruptas y destructividad. Si su energía se ve bloqueada, puede generar frustración, desánimo e incapacidad para actuar con eficacia.

La influencia de Marte es fundamental para determinar la capacidad de una persona para concretar sus objetivos, ya que mide su fuerza a través de la acción directa. Además, este planeta rige la vitalidad física, la inclinación hacia el deporte, los conflictos, los desafíos y hasta los accidentes o golpes del destino.

En un tema astral femenino, Marte representa la figura del amante o del esposo, así como la imagen masculina que más atrae a la mujer. En el tema astral de un hombre, simboliza su propia virilidad y modo de afirmar su identidad masculina.

Cuando Marte ocupa una posición dominante en la carta natal, confiere un temperamento enérgico, impulsivo y decidido, con rapidez tanto en las acciones como en las decisiones. Estas personas tienden a imponerse por la fuerza, lo que puede hacerlas menos sensibles o diplomáticas. No obstante, su confianza en sí mismas y su tenacidad les permiten alcanzar grandes logros, fruto de intensos esfuerzos personales.

Júpiter: Expansión, éxito y bienestar

Júpiter simboliza la integración del individuo en el mundo, sus posibilidades de éxito y reconocimiento social, así como la capacidad de disfrutar con serenidad las oportunidades que la vida ofrece. Este planeta está asociado al optimismo, la extroversión y el hedonismo, fomentando una actitud sociable y afable que facilita la resolución pacífica de los problemas cotidianos.

No en vano, Júpiter es considerado el *astro de la fortuna*, ya que una buena posición en el horóscopo suaviza las dificultades, favorece la expresión de las cualidades personales y facilita su reconocimiento. Además, inspira confianza en uno mismo y en los demás, promoviendo la paz y la satisfacción. Su influencia no solo se manifiesta en el plano emocional, sino también en el material, ya que la riqueza moral que inspira a menudo se traduce en bienestar económico y éxito social.

Júpiter infunde entusiasmo y euforia, impulsando a la persona a manifestarse con sinceridad y seguridad, siempre dentro del marco de las normas y convenciones que rigen la convivencia. Entre sus cualidades destacan la lealtad, el sentido del honor y un profundo respeto por las tradiciones. Asimismo, este planeta mide la generosidad y la capacidad de disfrutar de los placeres más sólidos de la vida, influyendo en el gusto por la comodidad, la abundancia y el bienestar.

Cuando Júpiter ocupa una posición dominante en el tema astral, confiere un temperamento amable, benévolo y moral, que suele atraer simpatías y acuerdos sin necesidad de grandes esfuerzos. A ello se suma un buen sentido común, sabiduría y un matiz de paternalismo, que completan el perfil de quienes están bajo su fuerte influencia.

Saturno

Saturno simboliza el aspecto racional de la existencia, representando la conciencia de las adversidades y la necesidad de afrontar los aspectos más difíciles de la vida. Encierra la prudencia y la desconfianza indispensables para la autoprotección, así como el compromiso en la superación de obstáculos, sin dejarse llevar por sentimentalismos. Es el planeta de la seriedad, el rigor de juicio, la introspección y la soledad. Confronta a la persona con los desafíos de la existencia, poniéndola a prueba y midiendo su capacidad de autosuficiencia. Invita a la sobriedad y la parsimonia en la gestión de los recursos, imponiendo cautela y reserva en las relaciones interpersonales. Su influencia organiza y estructura la voluntad, dotándola de tenacidad y espíritu constructivo, a la vez que infunde fortaleza anímica y resistencia moral.

Saturno encarna los valores del deber y la responsabilidad, lo que le ha otorgado la fama de ser un planeta maléfico. Sin embargo,

su papel es esencial en la maduración del individuo, pues lo impulsa a afrontar la realidad con lucidez. Enseña a reconocer los hechos con objetividad, evitando un compromiso emocional excesivo que podría nublar el juicio y dificultar la defensa de los propios intereses. Enfría los arrebatos, impone renuncias, pero a la vez refuerza la ambición y otorga la medida de los sacrificios necesarios para alcanzar objetivos. Es símbolo de estoicismo, sensatez, autoridad y severidad, así como de capacidad de planificación, intransigencia, firmeza y disciplina.

Cuando Saturno domina en el tema natal, confiere una personalidad seria, controlada y responsable. La persona tiende a ser reservada, escéptica y propensa al pesimismo, pero también posee una línea de conducta coherente y bien definida, lo que le permite afirmarse con el tiempo y superar dificultades significativas.

Urano

Urano es el primero de los planetas descubiertos con instrumentos ópticos, desconocido para las civilizaciones antiguas. Representa la fuerza de decisión, la voluntad que actúa de manera drástica para resolver situaciones de raíz. Se asocia con la rapidez, los impulsos fulgurantes y los acontecimientos imprevistos, manifestándose como una energía reactiva que responde de inmediato a los estímulos.

Este planeta es la chispa que enciende la voluntad individual, llevándola a actuar de forma súbita y enfocada en resultados inmediatos. Simboliza la fuerza renovadora que impulsa la resolución de problemas mediante la eliminación de lo obsoleto. Urano describe cambios bruscos, rupturas con el pasado y la llegada de lo inesperado, configurando un agente de transformación radical.

Su influencia estimula el deseo de afirmación personal, combinándolo con pragmatismo y sentido de la oportunidad. Fomenta la independencia respecto a las normas establecidas y despierta la habilidad inventiva, técnica y manual. En el tema natal, Urano revela la capacidad de una persona para expresar su individualidad y tomar decisiones rápidas y decisivas cuando se enfrenta a la necesidad de forjar su propio destino.

Cuando Urano es dominante, otorga una personalidad original e independiente, decidida a marcar su diferencia. El

individuo se muestra brusco, imprevisible y totalmente inmerso en el presente, viviendo a un ritmo acelerado y siempre atento a las necesidades del cambio. Su vida suele estar marcada por giros inesperados y transformaciones drásticas que lo impulsan hacia nuevas realidades.

Neptuno

Representa la disponibilidad del hombre para la transformación, el proceso de metamorfosis interior que refleja los cambios y la evolución que han tenido lugar en el planeta Tierra. Neptuno es un planeta colectivo, que pone al hombre en relación con el incesante cambio del mundo que lo rodea en todas sus multiplicidades, con todo lo que es desconocido, distinto, lejano, hasta llegar al plano de consciencia más elevado, el espiritual (se trata de hecho del planeta del misticismo y del espíritu religioso). Por lo tanto, plantea preguntas existenciales, suscita la inquietud que empuja hacia metas desconocidas, el deseo de ultrapasar las barreras de las reglas banales para llegar a una verdad más absoluta.

En los casos más felices, Neptuno afina extraordinariamente la sensibilidad, enriquece la imaginación y muy a menudo estimula la creatividad y el sentido artístico, aporta intuición e inspiración genial. Pero la exigencia de cambiar, o de evadirse de la realidad, puede encontrar formas de expresión menos armoniosas. En ciertos casos, Neptuno puede inclinar al fanatismo religioso o político, o bien suscitar miedos irracionales, depresiones y angustias existenciales.

El planeta gobierna todo lo que es maravilloso y fantástico, y también la ilusión forma parte de su reino: bajo la influencia neptuniana puede resultar difícil distinguir nítidamente la realidad; el engaño y la desilusión pueden ocultarla como la niebla. Para aquellos que saben descifrar su lenguaje, Neptuno envía intuiciones iluminadoras, que guiarán el camino hacia el conocimiento.

La persona caracterizada por una dominante neptuniana es tranquila, profunda, parece estar poco presente en la realidad, transportada por sus pensamientos; dotada de escaso sentido práctico, es sentimental, sociable, a veces sugestionable y melancólica.

Plutón

Se trata del último planeta de nuestro sistema solar, descubierto por el hombre hace sólo sesenta años y por lo tanto aún relativamente joven en la tradición astrológica. Representa las fuerzas vitales más profundas y secretas de la persona, la capacidad de dar forma concreta a los recursos creativos que residen en cada uno de nosotros. Su influencia es muy lenta y puede parecer poco evidente porque opera a niveles muy profundos de la personalidad: se trata de una fuerza que plasma, transforma, destruye y recrea, y es fundamental para el equilibrio individual, porque gobierna la íntima satisfacción de sí mismo, vivida según los propios instintos y por lo tanto no necesariamente unida al éxito material, afectivo, etc.

Como regulador de los principios vitales y creativos, Plutón está relacionado además con el sexo, actividad capaz de generar la vida: por lo tanto, sirve para indicar de qué manera la persona vive esta parte de sí misma y los posibles problemas relacionados con el sexo.

Además de la afirmación creadora de sí mismo, Plutón representa también la voluntad de potencia individual: cuando está liberada, sin inhibiciones, su fuerza secreta y misteriosa no sólo hace que el hombre sea más dueño de sí mismo, sino que puede estimular también la ambición de poder, de dominio sobre el prójimo y reforzar el magnetismo personal, la capacidad de persuasión y el exhibicionismo. En algunos casos, se pueden producir manifestaciones narcisistas de la personalidad: tendencias histriónicas, egocentrismo desenfrenado, aventuras sexuales y falsedades intencionadas.

La posición de Plutón es a menudo muy importante para determinar ciertas frustraciones íntimas o complicaciones del carácter, que causan en la persona un sentimiento de falta de plenitud.

Una colocación dominante de Plutón en el tema astral confiere una personalidad muy intensa, inclinada a utilizar el poder del que está dotado dirigiendo a los demás en su propio beneficio.

En las tablas de las páginas siguientes están resumidas, subdivididas por signos, las posiciones zodiacales de los planetas lentos. Por ejemplo, el nacido en Aries podrá descubrir, consultando la relativa tabla, dónde se encontraban los planetas lentos en el momento de su nacimiento. De esta forma, podrá completar con las posiciones encontradas la ficha personal de la pág. 48.

ARIES

Descubra aquí en qué signo se encontraban los planetas lentos el año de su nacimiento.

Plutón

del 1940 al 1957	: Leo
1958: Véase del 11/4	: Leo
del 1959 al 1971	: Virgo
del 1972 al 1983	: Libra
del 1984 al 1994	: Esc.
del 1995 al 2009	: Sag.
del 2009 al 2023	: Capr.

Neptuno

del 1917 al 1929	: Leo
del 1930 al 1942	: Virgo
1943: Lib. del 17/4	: Virgo
del 1944 al 1956	: Libra
del 1957 al 1969	: Esc.
del 1970 al 1983	: Sag.
del 1984 al 1997	: Capr.
del 1998 al 2012	: Ac.

Urano

del 1912-31/3/1919	: Ac.
del 1/4/19-30/3/27	: Piscis
del 31/3/27-27/3/35	: Aries
del 28/3/35-1942	: Tauro
del 1943 al 1949	: Gém.
del 1950 al 1956	: Cáncer
del 1957 al 1962	: Leo
del 1963 al 1968	: Virgo
del 1969 al 1974	: Libra
del 1975 al 1981	: Esc.
del 1982 al 1987	: Sag.
del 1988 al 31/3/95	: Capr.
del 1996 al 2003	: Ac.
del 2003 al 2011	: Piscis

Saturno

del 1911 al 25/3/13	: Tauro
del 26/3/13 al 1915	: Gém.
del 1916 al 1917	: Cáncer
del 1918 al 1919	: Leo
del 1920 al 1921	: Virgo
del 1922 al 1923	: Libra
1924: Esc. del 6/4	: Libra
del 1925 al 1926	: Esc.
del 1927 al 1928	: Sag.
del 1929 al 1931	: Capr.
del 1932 al 1934	: Ac.
del 1935 al 1937	: Piscis
del 1938 al 1939	: Aries
del 1940 al 1942	: Tauro
del 1943 al 1944	: Gém.
del 1945 al 1946	: Cáncer
del 1947 al 1948	: Leo
1949: Vir. del 31/4	: Leo
del 1950 al 1951	: Virgo
del 1952 al 1953	: Libra
del 1954 al 1955	: Esc.
del 1956 al 1958	: Sag.
del 1959 al 1961	: Capr.
del 1962 al 23/3/64	: Ac.
del 24/3/64 al 1966	: Piscis
del 1967 al 1969	: Aries
del 1970 al 1971	: Tauro
del 1972 al 17/4/74	: Gém.
del 18/4/74 al 1976	: Cáncer

del 1977 al 1978	: Leo
del 1979 al 1980	: Virgo
del 1981 al 1982	: Libra
del 1983 al 1985	: Esc.
del 1986 al 1987	: Sag.
del 1988 al 1990	: Capr.
del 1991 al 1993	: Ac.
del 1994 al 6/4/96	: Piscis
del 7/4/96 al 1998	: Aries
1999	: Tauro
del 1/3/99 al 20/4/01	: Géminis
del 20/4/01 al 22/4/05	: Cáncer
del 22/4/05 al 2/9/07	: Leo
del 2/9/07 al 29/10/09	: Virgo

Júpiter

1910	: Libra
1911	: Escorpio
1912	: Sagitario
1913	: Capricornio
1914	: Acuario
1915	: Piscis
1916	: Aries
1917	: Tauro
1918	: Géminis
1919	: Cáncer
1920	: Leo
1921	: Virgo
1922	: Libra
1923	: Escorpio
1924	: Sagitario
1925	: Capricornio
1926	: Acuario
1927	: Piscis
1928	: Aries
1929	: Tauro
1930	: Géminis
1931	: Cáncer
1932	: Leo
1933	: Virgo
1934	: Libra
1935	: Escorpio
1936	: Sagitario
1937	: Capricornio
1938	: Acuario
1939	: Piscis
1940	: Aries
1941	: Tauro
1942	: Géminis
1943	: Cáncer
1944	: Leo
1945	: Virgo
1946	: Libra
1947	: Escorpio
1948	: Sagitario
1949	: Capricornio
del 12/4	: Acuario
1950	: Acuario
1951	: Piscis
1952	: Aries
1953	: Tauro
1954	: Géminis
1955	: Cáncer
1956	: Leo
1957	: Virgo

1958	: Libra
1959	: Sagitario
1960	: Capricornio
1961	: Acuario
1962	: Acuario
del 25/3	: Piscis
1963	: Piscis
del 4/4	: Aries
1964	: Aries
del 12/4	: Tauro
1965	: Tauro
1966	: Géminis
1967	: Cáncer
1968	: Leo
1969	: Libra
del 30/3	: Virgo
1970	: Escorpio
1971	: Sagitario
1972	: Capricornio
1973	: Acuario
1974	: Piscis
1975	: Aries
1976	: Aries
del 26/3	: Tauro
1977	: Tauro
del 3/4	: Géminis
1978	: Géminis
del 12/4	: Cáncer
1979	: Cáncer
1980	: Virgo
1981	: Libra
1982	: Escorpio
1983	: Sagitario
1984	: Capricornio
1985	: Acuario
1986	: Piscis
1987	: Aries
1988	: Tauro
1989	: Géminis
1990	: Cáncer
1991	: Leo
1992	: Virgo
1993	: Libra
1994	: Escorpio
1995	: Sagitario
1996	: Capricornio
1997	: Acuario
1998	: Piscis
1999	: Aries
2000	: Tauro
del 1/7	: Géminis
2001	: Géminis
del 12/7	: Cáncer
2002	: Cáncer
del 1/8	: Leo
2003	: Leo
del 27/8	: Virgo
2004	: Virgo
del 25/9	: Libra
2005	: Libra
del 26/10	: Escorpio
2006	: Escorpio
del 24/11	: Sagitario
2007	: Sagitario
del 18/12	: Capricornio

TAURO

Descubra aquí en qué signo se encontraban los planetas lentos el año de su nacimiento.

Plutón
del 1940 al 1958	: Leo
del 1959 al 1972	: Virgo
del 1973 al 1983	: Libra
del 1984 al 1994	: Esc.
del 1995 al 2009	: Sag.
del 2009 al 2023	: Capr.

Neptuno
del 2/5/16 al 1929	: Leo
del 1930 al 1943	: Virgo
del 1944 al 1956	: Libra
del 1957 al 1969	: Esc.
1970: Sag. del 3/5	: Esc.
del 1971 al 1983	: Sag.
del 1984 al 1997	: Capr.
del 1998 al 2012	: Ac.

Urano
del 1912 al 1918	: Ac.
del 1919 al 1926	: Piscis
del 1927 al 1934	: Aries
del 1935 al 14/4/42	: Tauro
del 15/4/42 al 1949	: Gém.
del 1950 al 1956	: Cánc.
del 1957 al 1962	: Leo
del 1963 al 1968	: Virgo
del 1969 al 1974	: Libra
1975: Esc. del 1/5	: Libra
del 1976 al 1981	: Esc.
del 1982 al 1987	: Sag.
del 1988 al 1995	: Capr.
del 1996 al 2003	: Ac.
del 2003 al 2011	: Piscis

Saturno
del 17/5/10 al 1912	: Tauro
del 1913 al 10/5/15	: Gém.
del 11/5/15 al 1917	: Cáncer
del 1918 al 1919	: Leo
del 1920 al 1921	: Virgo
del 1922 al 1924	: Libra
del 1925 al 1926	: Esc.
del 1927 al 1928	: Sag.
1929: Capr. del 5/5	: Sag.
del 1930 al 1931	: Capr.
del 1932 al 1934	: Ac.
del 1935 al 24/4/37	: Piscis
del 25/4/37 al 1939	: Aries
del 1940 al 7/5/42	: Tauro
del 8/5/42 al 1944	: Gém.
del 1945 al 1946	: Cáncer
del 1947 al 1949	: Leo
del 1950 al 1951	: Virgo
del 1952 al 1953	: Libra
del 1954 al 1955	: Esc.
del 1956 al 1958	: Sag.
del 1959 al 1961	: Capr.
del 1962 al 1963	: Ac.
del 1964 al 1966	: Piscis
del 1967 al 28/4/69	: Aries
del 29/4/69 al 1971	: Tauro
del 1972 al 17/4/74	: Gém.
del 18/4/74 al 1976	: Cánc.
del 1977 al 1978	: Leo

del 1979 al 1980	: Virgo
del 1981 al 1982	: Libra
1983: Esc. del 6/5	: Libra
del 1984 al 1985	: Esc.
del 1986 al 1987	: Sag.
del 1988 al 1990	: Cánc.
del 1991 al 1993	: Ac.
del 1994 al 1995	: Piscis
del 1996 al 1998	: Aries
1999	: Tauro
del 1/3/99 al 20/4/01	: Géminis
del 20/4/01 al 22/4/05	: Cáncer
del 22/4/05 al 2/9/07	: Leo
del 2/9/07 al 29/10/09	: Virgo

Júpiter
1912	: Sagitario
1913	: Capricornio
1914	: Acuario
1915	: Piscis
1916	: Aries
1917	: Tauro
1918	: Géminis
1919	: Cáncer
1920	: Leo
1921	: Virgo
1922	: Libra
1923	: Escorpio
1924	: Sagitario
1925	: Capricornio
1926	: Acuario
1927	: Piscis
1928	: Aries
1929	: Tauro
1930	: Géminis
1931	: Cáncer
1932	: Leo
1933	: Virgo
1934	: Libra
1935	: Escorpio
1936	: Sagitario
1937	: Capricornio
1938	: Acuario
del 14/5	: Piscis
1939	: Piscis
del 11/5	: Aries
1940	: Aries
del 16/5	: Tauro
1941	: Tauro
1942	: Géminis
1943	: Cáncer
1944	: Leo
1945	: Virgo
1946	: Libra
1947	: Escorpio
1948	: Sagitario
1949	: Acuario
1950	: Piscis
1951	: Piscis
del 21/4	: Aries
1952	: Aries
del 28/4	: Tauro
1953	: Tauro
del 9/5	: Géminis
1954	: Géminis

1955	: Cáncer
1956	: Leo
1957	: Virgo
1958	: Libra
1959	: Sagitario
del 24/4	: Escorpio
1960	: Capricornio
1961	: Acuario
1962	: Piscis
1963	: Aries
1964	: Tauro
1965	: Tauro
del 22/4	: Géminis
1966	: Géminis
del 5/5	: Cáncer
1967	: Cáncer
1968	: Leo
1969	: Virgo
1970	: Escorpio
del 30/4	: Libra
1971	: Sagitario
1972	: Capricornio
1973	: Acuario
1974	: Piscis
1975	: Aries
1976	: Tauro
1977	: Géminis
1978	: Cáncer
1979	: Leo
1980	: Virgo
1981	: Libra
1982	: Escorpio
1983	: Sagitario
1984	: Capricornio
1985	: Acuario
1986	: Piscis
1987	: Aries
1988	: Tauro
1989	: Géminis
1990	: Cáncer
1991	: Leo
1992	: Virgo
1993	: Libra
1994	: Escorpio
1995	: Sagitario
1996	: Capricornio
1997	: Acuario
1998	: Piscis
1999	: Aries
2000	: Tauro
del 1/7	: Géminis
2001	: Géminis
del 12/7	: Cáncer
2002	: Cáncer
del 1/8	: Leo
2003	: Leo
del 27/8	: Virgo
2004	: Virgo
del 25/9	: Libra
2005	: Libra
del 26/10	: Escorpio
2006	: Escorpio
del 24/11	: Sagitario
2007	: Sagitario
del 18/12	: Capricornio

GÉMINIS

Descubra aquí en qué signo se encontraban los planetas lentos el año de su nacimiento.

Plutón
del 14/6/39-10/6/58	: Leo
del 11/6/58 al 1972	: Virgo
del 1973 al 1984	: Libra
del 1985 al 1994	: Esc.
del 1995 al 2009	: Sag.
del 2009 al 2023	: Capr.

Neptuno
del 1916 al 1929	: Leo
del 1930 al 1943	: Virgo
del 1944 al 1956	: Libra
1957 Esc. del 16/6	: Libra
del 1958 al 1970	: Esc.
del 1971 al 1983	: Sag.
del 1984 al 1997	: Capr.
del 1998 al 2012	: Ac.

Urano
del 1912 al 1918	: Ac.
del 1919 al 1926	: Piscis
del 1927 al 6/6/34	: Aries
del 7/6/34 al 1941	: Tauro
del 1942 al 9/6/49	: Gém.
del 10/6/49-9/6/56	: Cáncer
del 10/6/56 al 1962	: Leo
del 1963 al 1969	: Virgo
del 1970 al 1975	: Libra
del 1976 al 1981	: Esc.
del 1982 al 1987	: Sag.
1988 Capr. del 27/5	: Sag.
del 1989 al 1994	: Capr.
1995 Ac. del 9/6	: Capr.
del 1996 al 2003	: Ac.
del 2003 al 2011	: Piscis

Saturno
del 1910 al 1912	: Tauro
del 1913 al 1914	: Gém.
del 1915 al 1917	: Cáncer
del 1918 al 1919	: Leo
del 1920 al 1921	: Virgo
del 1922 al 1924	: Libra
del 1925 al 1926	: Esc.
del 1927 al 1929	: Sag.
del 1930 al 1931	: Capr.
del 1932 al 1934	: Ac.
del 1935 al 1936	: Piscis
del 1937 al 1939	: Aries
del 1940 al 1941	: Tauro
del 1942 al 1944	: Gém.
del 1945 al 1946	: Cáncer
del 1947 al 28/5/49	: Leo
del 29/5/49 al 1951	: Virgo
del 1952 al 1953	: Libra
del 1954 al 1956	: Esc.
del 1957 al 1958	: Sag.
del 1959 al 1961	: Capr.
del 1962 al 1963	: Ac.
del 1964 al 1966	: Piscis
del 1967 al 1968	: Aries
del 1969 al 18/6/71	: Tauro
del 19/6/71 al 1973	: Gém.
del 1974 al 4/6/76	: Cáncer
del 5/6/76 al 1978	: Leo
del 1979 al 1980	: Virgo
del 1981 al 1983	: Libra
del 1984 al 1985	: Esc.
del 1986 al 1987	: Sag.
1988 Capr. del 10/6	: Sag.
del 1989 al 1990	: Capr.
del 1991 al 20/5/93	: Ac.
del 21/5/93 al 1995	: Piscis
del 1996 al 8/6/98	: Aries
del 9/6/98 al 1/3/99	: Tauro
del 1/3/99 al 20/4/01	: Géminis
del 20/4/01 al 22/4/05	: Cáncer
del 22/4/05 al 2/9/07	: Leo
del 2/9/07 al 29/10/09	: Virgo

Júpiter
1913	: Capricornio
1914	: Acuario
1915	: Piscis
1916	: Aries
1917	: Tauro
1918	: Géminis
1919	: Cáncer
1920	: Leo
1921	: Virgo
1922	: Libra
1923	: Escorpio
1924	: Sagitario
1925	: Capricornio
1926	: Acuario
1927	: Piscis
del 6/6	: Aries
1928	: Aries
del 4/6	: Tauro
1929	: Tauro
del 12/6	: Géminis
1930	: Géminis
1931	: Cáncer
1932	: Leo
1933	: Virgo
1934	: Libra
1935	: Escorpio
1936	: Sagitario
1937	: Capricornio
1938	: Piscis
1939	: Aries
1940	: Tauro
1941	: Tauro
del 26/5	: Géminis
1942	: Géminis
del 10/6	: Cáncer
1943	: Cáncer
1944	: Leo
1945	: Virgo
1946	: Libra
1947	: Escorpio
1948	: Sagitario
1949	: Acuario
1950	: Piscis
1951	: Aries
1952	: Tauro
1953	: Géminis
1954	: Géminis
del 24/5	: Cáncer
1955	: Cáncer
del 13/6	: Leo
1956	: Leo
1957	: Virgo
1958	: Libra
1959	: Escorpio
1960	: Capricornio
del 10/6	: Sagitario
1961	: Acuario
1962	: Piscis
1963	: Aries
1964	: Tauro
1965	: Géminis
1966	: Cáncer
1967	: Cáncer
del 23/5	: Leo
1968	: Leo
del 15/6	: Virgo
1969	: Virgo
1970	: Libra
1971	: Sagitario
del 5/6	: Escorpio
1972	: Capricornio
1973	: Acuario
1974	: Piscis
1975	: Aries
1976	: Tauro
1977	: Géminis
1978	: Cáncer
1979	: Leo
1980	: Virgo
1981	: Libra
1982	: Escorpio
1983	: Sagitario
1984	: Capricornio
1985	: Acuario
1986	: Piscis
1987	: Aries
1988	: Tauro
1989	: Géminis
1990	: Cáncer
1991	: Leo
1992	: Virgo
1993	: Libra
1994	: Escorpio
1995	: Sagitario
1996	: Capricornio
1997	: Acuario
1998	: Piscis
1999	: Aries
2000	: Tauro
del 1/7	: Géminis
2001	: Géminis
del 12/7	: Cáncer
2002	: Cáncer
del 1/8	: Leo
2003	: Leo
del 27/8	: Virgo
2004	: Virgo
del 25/9	: Libra
2005	: Libra
del 26/10	: Escorpio
2006	: Escorpio
del 24/11	: Sagitario
2007	: Sagitario
del 18/12	: Capricornio

CÁNCER

Descubra aquí en qué signo se encontraban los planetas lentos el año de su nacimiento.

Plutón
del 1939 al 1957 : Leo.
del 1958 al 1972 : Virgo
del 1973 al 1984 : Libra
del 1985 al 1994 : Esc.
del 1995 al 2009 : Sag.
del 2009 al 2023 : Capr.

Neptuno
del 20/7/15 al 1929 : Leo
del 1930 al 1943 : Virgo
del 1944 al 1957 : Libra
del 1958 al 1970 : Esc.
del 1971 al 1983 : Sag.
1984: Capr. del 23/6 : Sag.
del 1985 al 1997 : Capr.
del 1998 al 2012 : Ac.

Urano
del 1912 al 1918 : Ac.
del 1919 al 1926 : Piscis
del 1927 al 1933 : Aries
del 1934 al 1941 : Tauro
del 1942 al 1948 : Gém.
del 1949 al 1955 : Cáncer
del 1956 al 1962 : Leo
del 1963 al 23/6/69 : Virgo
del 24/6/69 al 1975 : Libra
del 1976 al 1981 : Esc.
del 1982 al 1988 : Sag.
del 1989 al 1995 : Capr.
del 1996 al 2003 : Ac.
del 2003 al 2011 : Piscis

Saturno
del 1910 al 6/7/12 : Tauro
del 7/7/12 al 1914 : Gém.
del 1915 al 24/6/17 : Cáncer
del 25/6/17 al 1919 : Leo
del 1920 al 1921 : Virgo
del 1922 al 1924 : Libra
del 1925 al 1926 : Esc.
del 1927 al 1929 : Sag.
del 1930 al 1931 : Capr.
del 1932 al 1934 : Ac.
del 1935 al 1936 : Piscis
del 1937 al 5/7/39 : Aries
del 6/7/39 al 1941 : Tauro
del 1942 al 1943 : Gém.
del 1944 al 1946 : Cáncer
del 1947 al 1948 : Leo
del 1949 al 1951 : Virgo
del 1952 al 1953 : Libra
del 1954 al 1956 : Esc.
del 1957 al 1958 : Sag.
del 1959 al 1961 : Capr.
del 1962 al 1963 : Ac.
del 1964 al 1966 : Piscis
del 1967 al 1968 : Aries
del 1969 al 1970 : Tauro
del 1971 al 1973 : Gém.
del 1974 al 1975 : Cáncer
del 1976 al 1978 : Leo
del 1979 al 1980 : Virgo
del 1981 al 1983 : Libra

del 1984 al 1985 : Esc.
del 1986 al 1988 : Sag.
del 1989 al 1990 : Capr.
del 1991 al 1992 : Ac.
1993: Pisc. del 30/6 : Ac.
del 1994 al 1995 : Piscis
del 1996 al 1997 : Aries
del 1998 al 1/3/99 : Tauro
del 1/3/99 al 20/4/01 : Géminis
del 20/4/01 al 22/4/05 : Cáncer
del 22/4/05 al 2/9/07 : Leo
del 2/9/07 al 29/10/09 : Virgo

Júpiter
1911 : Escorpio
1912 : Sagitario
1913 : Capricornio
1914 : Acuario
1915 : Piscis
1916 : Aries
del 26/6 : Tauro
1917 : Tauro
del 30/6 : Géminis
1918 : Géminis
del 13/7 : Cáncer
1919 : Cáncer
1920 : Leo
1921 : Virgo
1922 : Libra
1923 : Escorpio
1924 : Sagitario
1925 : Capricornio
1926 : Acuario
1927 : Aries
1928 : Tauro
1929 : Géminis
1930 : Géminis
del 27/6 : Cáncer
1931 : Cáncer
del 17/7 : Leo
1932 : Leo
1933 : Virgo
1934 : Libra
1935 : Escorpio
1936 : Sagitario
1937 : Capricornio
1938 : Piscis
1939 : Aries
1940 : Tauro
1941 : Géminis
1942 : Cáncer
1943 : Cáncer
del 1/7 : Leo
1944 : Leo
1945 : Virgo
1946 : Libra
1947 : Escorpio
1948 : Sagitario
1949 : Acuario
del 28/6 : Capricornio
1950 : Piscis
1951 : Aries
1952 : Tauro
1953 : Géminis
1954 : Cáncer

1955 : Leo
1956 : Leo
del 18/7 : Virgo
1957 : Virgo
1958 : Libra
1959 : Escorpio
1960 : Sagitario
1961 : Acuario
1962 : Piscis
1963 : Aries
1964 : Tauro
1965 : Géminis
1966 : Cáncer
1967 : Leo
1968 : Virgo
1969 : Virgo
del 16/7 : Libra
1970 : Libra
1971 : Escorpio
1972 : Capricornio
1973 : Acuario
1974 : Piscis
1975 : Aries
1976 : Tauro
1977 : Géminis
1978 : Cáncer
1979 : Leo
1980 : Virgo
1981 : Libra
1982 : Escorpio
1983 : Sagitario
1984 : Capricornio
1985 : Acuario
1986 : Piscis
1987 : Aries
1988 : Tauro
1989 : Géminis
1990 : Cáncer
1991 : Leo
1992 : Virgo
1993 : Libra
1994 : Escorpio
1995 : Sagitario
1996 : Capricornio
1997 : Acuario
1998 : Piscis
1999 : Aries
del 28/6 : Tauro
2000 : Tauro
del 30/6 : Géminis
del 1/7 : Géminis
2001 : Géminis
del 12/7 : Cáncer
2002 : Cáncer
del 1/8 : Leo
2003 : Leo
del 27/8 : Virgo
2004 : Virgo
del 25/9 : Libra
2005 : Libra
del 26/10 : Escorpio
2006 : Escorpio
del 24/11 : Sagitario
2007 : Sagitario
del 18/12 : Capricornio

LEO

Descubra aquí en qué signo se encontraban los planetas lentos el año de su nacimiento.

Plutón		del 1981 al 1983	: Libra	del 7/8	: Libra
del 4/8/38-18/8/57	: Leo	del 1984 al 1985	: Esc.	1958	: Libra
del 19/8/57-30/7/72	: Virgo	del 1986 al 1988	: Sag.	1959	: Escorpio
del 31/7/72 al 1984	: Libra	del 1989 al 1990	: Capr.	1960	: Sagitario
del 1985 al 1994	: Esc.	del 1991 al 1993	: Ac.	1961	: Acuario
del 1995 al 2009	: Sag.	del 1994 al 1995	: Piscis	del 12/8	: Capricornio
del 2009 al 2023	: Capr.	del 1996 al 1997	: Aries	1962	: Piscis
		del 1998 al 1/3/1999	: Tauro	1963	: Aries
Neptuno		del 1/3/99 al 20/4/01	: Géminis	1964	: Tauro
del 1915 al 24/7/29	: Leo	del 20/4/01 al 22/4/05	: Cáncer	1965	: Géminis
del 25/7/29-2/8/43	: Virgo	del 22/4/05 al 2/9/07	: Leo	1966	: Cáncer
del 3/8/43 al 5/8/57	: Libra	del 2/9/07 al 29/10/09	: Virgo	1967	: Leo
del 6/8/57 al 1970	: Esc.			1968	: Virgo
del 1971 al 1984	: Sag.	**Júpiter**		1969	: Libra
del 1985 al 1997	: Capr.	1911	: Escorpio	1970	: Libra
del 1998 al 2012	: Ac.	1912	: Sagitario	del 16/8	: Escorpio
		1913	: Capricornio	1971	: Escorpio
Urano		1914	: Acuario	1972	: Capricornio
del 1912 al 1918	: Ac.	1915	: Piscis	del 25/7	: Sagitario
1919: Pisc. del 17/8	: Ac.	1916	: Tauro	1973	: Acuario
del 1920 al 1926	: Piscis	1917	: Géminis	1974	: Piscis
del 1927 al 1933	: Aries	1918	: Cáncer	1975	: Aries
del 1934 al 7/8/41	: Tauro	1919	: Cáncer	1976	: Tauro
del 8/8/41 al 1948	: Gém.	del 2/8	: Leo	1977	: Géminis
del 1949 al 1955	: Cáncer	1920	: Leo	del 20/8	: Cáncer
del 1956 al 9/8/62	: Leo	1921	: Virgo	1978	: Cáncer
del 10/8/62 al 1968	: Virgo	1922	: Libra	1979	: Leo
del 1969 al 1975	: Libra	1923	: Escorpio	1980	: Virgo
del 1976 al 1981	: Esc.	1924	: Sagitario	1981	: Libra
del 1982 al 1988	: Sag.	1925	: Capricornio	1982	: Escorpio
del 1989 al 1995	: Capr.	1926	: Acuario	1983	: Sagitario
del 1996 al 2003	: Ac.	1927	: Aries	1984	: Capricornio
del 2003 al 2011	: Piscis	1928	: Tauro	1985	: Acuario
		1929	: Géminis	1986	: Piscis
Saturno		1930	: Cáncer	1987	: Aries
del 1910 al 1911	: Tauro	1931	: Leo	1988	: Géminis
del 1912 al 1914	: Gém.	1932	: Leo	1989	: Géminis
del 1915 al 1916	: Cáncer	del 11/8	: Virgo	del 31/7	: Cáncer
del 1917 al 12/8/19	: Leo	1933	: Virgo	1990	: Cáncer
del 13/8/19 al 1921	: Virgo	1934	: Libra	del 18/8	: Leo
del 1922 al 1924	: Libra	1935	: Escorpio	1991	: Leo
del 1925 al 1926	: Esc.	1936	: Sagitario	1992	: Virgo
del 1927 al 1929	: Sag.	1937	: Capricornio	1993	: Libra
del 1930 al 1931	: Capr.	1938	: Piscis	1994	: Escorpio
1932: Ac. del 31/8	: Capr.	del 30/7	: Acuario	1995	: Sagitario
del 1933 al 1934	: Ac.	1939	: Aries	1996	: Capricornio
del 1935 al 1936	: Piscis	1940	: Tauro	1997	: Acuario
del 1937 al 1938	: Aries	1941	: Géminis	1998	: Piscis
del 1939 al 1941	: Tauro	1942	: Cáncer	1999	: Tauro
del 1942 al 1943	: Gém.	1943	: Leo	2000	: Géminis
del 1944 al 2/8/46	: Cáncer	1944	: Leo	del 1/7	: Géminis
del 3/8/46 al 1948	: Leo	del 16/7	: Virgo	2001	: Géminis
del 1949 al 13/8/51	: Virgo	1945	: Virgo	del 12/7	: Cáncer
del 14/8/51 al 1953	: Libra	1946	: Libra	2002	: Cáncer
del 1954 al 1956	: Esc.	1947	: Escorpio	del 1/8	: Leo
del 1957 al 1958	: Sag.	1948	: Sagitario	2003	: Leo
del 1959 al 1961	: Capr.	1949	: Capricornio	del 27/8	: Virgo
del 1962 al 1963	: Ac.	1950	: Piscis	2004	: Virgo
del 1964 al 1966	: Piscis	1951	: Aries	del 25/9	: Libra
del 1967 al 1968	: Aries	1952	: Tauro	2005	: Libra
del 1969 al 1970	: Tauro	1953	: Géminis	del 26/10	: Escorpio
del 1971 al 1/8/73	: Gém.	1954	: Cáncer	2006	: Escorpio
del 2/8/73 al 1975	: Cáncer	1955	: Leo	del 24/11	: Sagitario
del 1976 al 26/7/78	: Leo	1956	: Virgo	2007	: Sagitario
del 26/7/78 al 1980	: Virgo	1957	: Virgo	del 18/12	: Capricornio

VIRGO

Descubra aquí en qué signo se encontraban los planetas lentos el año de su nacimiento.

Plutón
del 1938 al 1956	: Leo
del 1957 al 1971	: Virgo
del 1972 al 27/9/84	: Libra
del 28/9/84 al 1994	: Esc.
del 1995 al 2009	: Sag.
del 2009 al 2023	: Capr.

Neptuno
del 1915 al 21/9/28	: Leo
del 22/9/28 al 1942	: Virgo
del 1943 al 1956	: Libra
del 1957 al 1970	: Esc.
del 1971 al 1984	: Sag.
del 1985 al 1997	: Capr.
del 1998 al 2012	: Ac.

Urano
del 1912 al 1919	: Ac.
del 1920 al 1926	: Piscis
del 1927 al 1933	: Aries
del 1934 al 1940	: Tauro
del 1941 al 30/8/48	: Gém.
del 31/8/48 al 24/8/55	: Cáncer
del 25/8/55 al 1961	: Leo
del 1962 al 1968	: Virgo
del 1969 al 7/9/75	: Libra
del 8/9/75 al 1981	: Esc.
del 1982 al 1988	: Sag.
del 1989 al 1995	: Capr.
del 1996 al 2003	: Ac.
del 2003 al 2011	: Piscis

Saturno
del 1910 al 1911	: Tauro
del 1912 al 1913	: Gém.
del 1914 al 1916	: Cáncer
del 1917 al 1918	: Leo
del 1919 al 1921	: Virgo
del 1922 al 13/9/24	: Libra
del 14/9/24 al 1926	: Esc.
del 1927 al 1929	: Sag.
del 1930 al 1932	: Capr.
del 1933 al 1934	: Ac.
del 1935 al 1936	: Piscis
del 1937 al 1938	: Aries
del 1939 al 1941	: Tauro
del 1942 al 1943	: Gém.
del 1944 al 1945	: Cáncer
del 1946 al 18/9/48	: Leo
del 19/9/48 al 1950	: Virgo
del 1951 al 1953	: Libra
del 1954 al 1956	: Esc.
del 1957 al 1958	: Sag.
del 1959 al 1961	: Capr.
del 1962 al 1963	: Ac.
del 1964 al 1966	: Piscis
del 1967 al 1968	: Aries
del 1969 al 1970	: Tauro
del 1971 al 1972	: Gém.
del 1973 al 16/9/75	: Cáncer
del 17/9/75 al 1977	: Leo
del 1978 al 1980	: Virgo
del 1981 al 1982	: Libra
del 1983 al 1985	: Esc.

del 1986 al 1988	: Sag.
del 1989 al 1990	: Capr.
del 1991 al 1993	: Ac.
del 1994 al 1995	: Piscis
del 1996 al 1997	: Aries
del 1998 al 1999	: Tauro
del 1/3/99 al 20/4/01	: Géminis
del 20/4/01 al 22/4/05	: Cáncer
del 22/4/05 al 2/9/07	: Leo
del 2/9/07 al 29/10/09	: Virgo

Júpiter
1908	: Leo
del 12/9	: Virgo
1909	: Virgo
1910	: Libra
1911	: Escorpio
1912	: Sagitario
1913	: Capricornio
1914	: Acuario
1915	: Piscis
1916	: Tauro
1917	: Géminis
1918	: Cáncer
1919	: Leo
1920	: Leo
del 27/8	: Virgo
1921	: Virgo
1922	: Libra
1923	: Escorpio
1924	: Sagitario
1925	: Capricornio
1926	: Acuario
1927	: Aries
1928	: Tauro
1929	: Géminis
1930	: Cáncer
1931	: Leo
1932	: Virgo
1933	: Virgo
del 10/9	: Libra
1934	: Libra
1935	: Escorpio
1936	: Sagitario
1937	: Capricornio
1938	: Acuario
1939	: Aries
1940	: Tauro
1941	: Géminis
1942	: Cáncer
1943	: Leo
1944	: Virgo
1945	: Virgo
del 25/8	: Libra
1946	: Libra
1947	: Escorpio
1948	: Sagitario
1949	: Capricornio
1950	: Piscis
del 15/9	: Acuario
1951	: Aries
1952	: Tauro
1953	: Géminis
1954	: Cáncer
1955	: Leo

1956	: Virgo
1957	: Libra
1958	: Libra
del 7/9	: Escorpio
1959	: Escorpio
1960	: Sagitario
1961	: Capricornio
1962	: Piscis
1963	: Aries
1964	: Tauro
1965	: Géminis
del 21/9	: Cáncer
1966	: Cáncer
1967	: Leo
1968	: Virgo
1969	: Libra
1970	: Escorpio
1971	: Escorpio
del 12/9	: Sagitario
1972	: Sagitario
1973	: Acuario
1974	: Piscis
1975	: Aries
1976	: Géminis
1977	: Cáncer
1978	: Cáncer
del 5/9	: Leo
1979	: Leo
1980	: Virgo
1981	: Libra
1982	: Escorpio
1983	: Sagitario
1984	: Capricornio
1985	: Acuario
1986	: Piscis
1987	: Aries
1988	: Géminis
1989	: Cáncer
1990	: Leo
1991	: Leo
del 12/9	: Virgo
1992	: Virgo
1993	: Libra
1994	: Escorpio
1995	: Sagitario
1996	: Capricornio
1997	: Acuario
1998	: Piscis
1999	: Tauro
2000	: Géminis
del 1/7	: Géminis
2001	: Géminis
del 12/7	: Cáncer
2002	: Cáncer
del 1/8	: Leo
2003	: Leo
del 27/8	: Virgo
2004	: Virgo
del 25/9	: Libra
2005	: Libra
del 26/10	: Escorpio
2006	: Escorpio
del 24/11	: Sagitario
2007	: Sagitario
del 18/12	: Capricornio

LIBRA

Descubra aquí en qué signo se encontraban los planetas lentos el año de su nacimiento.

Plutón
del 1913 al 6/10/37	: Cáncer
del 7/10/37 al 19/10/56	: Leo
del 20/10/56 al 4/10/71	: Virgo
5/10/71 al 1983	: Libra
del 1984 al 1994	: Esc.
del 1995 al 2009	: Sag.
del 2009 al 2023	: Capr.

Neptuno
del 1914 al 1927	: Leo
del 1928 al 3/10/42	: Virgo
4/10/42 al 18/10/56	: Libra
del 19/10/56 al 1970	: Esc.
del 1971 al 1984	: Sag.
del 1985 al 1997	: Capr.
del 1998 al 2012	: Ac.

Urano
del 1913 al 1919	: Ac.
del 1920 al 1926	: Piscis
del 1927 al 1933	: Aries
1934: Tauro del 10/10	: Aries
del 1935 al 1940	: Tauro
1941: Gé. del 5/10	: Tauro
del 1942 al 1947	: Gém.
del 1948 al 1954	: Cáncer
del 1955 al 1961	: Leo
del 1962 al 28/9/68	: Virgo
del 29/9/68 al 1974	: Libra
del 1975 al 1981	: Esc.
del 1982 al 1988	: Sag.
del 1989 al 1995	: Capr.
del 1996 al 2003	: Ac.
del 2003 al 2011	: Piscis

Saturno
del 1910 al 1911	: Tauro
del 1912 al 1913	: Gém.
del 1914 al 17/10/16	: Cáncer
del 18/10/16 al 1918	: Leo
del 1919 al 7/10/21	: Virgo
del 8/10/21 al 1923	: Libra
del 1924 al 1926	: Esc.
del 1927 al 1929	: Sag.
del 1930 al 1932	: Capr.
del 1933 al 1934	: Ac.
del 1935 al 1936	: Piscis
1937: Aries del 18/10	: Piscis
del 1938 al 1939	: Aries
del 1940 al 1941	: Tauro
del 1942 al 1943	: Gém.
del 1944 al 1945	: Cáncer
del 1946 al 1947	: Leo
del 1948 al 1950	: Virgo
del 1951 al 1953	: Libra
del 1954 al 10/10/56	: Esc.
del 11/10/56 al 1958	: Sag.
del 1959 al 1961	: Capr.
del 1962 al 1964	: Ac.
del 1965 al 1966	: Piscis
del 1967 al 1968	: Aries
del 1969 al 1970	: Tauro
del 1971 al 1972	: Gém.
del 1973 al 1974	: Cáncer

del 1975 al 1977	: Leo
del 1978 al 1979	: Virgo
del 1980 al 1982	: Libra
del 1983 al 1985	: Esc.
del 1986 al 1988	: Sag.
del 1989 al 1990	: Capr.
del 1991 al 1993	: Ac.
del 1994 al 1995	: Piscis
del 1996 al 1997	: Aries
del 1998 al 1/3/99	: Tauro
del 1/3/99 al 20/4/01	: Gém.
del 20/4/01 al 22/4/05	: Cáncer
del 22/4/05 al 2/9/07	: Leo
del 2/9/07 al 29/10/09	: Virgo

Júpiter
1911	: Escorpio
1912	: Sagitario
1913	: Capricornio
1914	: Acuario
1915	: Piscis
1916	: Tauro
1917	: Géminis
1918	: Cáncer
1919	: Leo
1920	: Virgo
1921	: Virgo
del 26/9	: Libra
1922	: Libra
1923	: Escorpio
1924	: Sagitario
1925	: Capricornio
1926	: Acuario
1927	: Piscis
1928	: Tauro
1929	: Géminis
1930	: Cáncer
1931	: Leo
1932	: Virgo
1933	: Libra
1934	: Libra
del 11/10	: Escorpio
1935	: Escorpio
1936	: Sagitario
1937	: Capricornio
1938	: Acuario
1939	: Aries
1940	: Tauro
1941	: Géminis
1942	: Cáncer
1943	: Leo
1944	: Virgo
1945	: Libra
1946	: Libra
del 25/9	: Escorpio
1947	: Escorpio
1948	: Sagitario
1949	: Capricornio
1950	: Acuario
1951	: Aries
1952	: Tauro
1953	: Géminis
1954	: Cáncer
1955	: Leo
1956	: Virgo

1957	: Libra
1958	: Escorpio
1959	: Escorpio
del 5/10	: Sagitario
1960	: Sagitario
1961	: Capricornio
1962	: Piscis
1963	: Aries
1964	: Tauro
1965	: Cáncer
1966	: Cáncer
del 27/9	: Leo
1967	: Leo
del 19/10	: Virgo
1968	: Virgo
1969	: Libra
1970	: Escorpio
1971	: Sagitario
1972	: Sagitario
del 26/9	: Capricornio
1973	: Acuario
1974	: Piscis
1975	: Aries
1976	: Géminis
1977	: Cáncer
1978	: Leo
1979	: Leo
del 29/9	: Virgo
1980	: Virgo
1981	: Libra
1982	: Escorpio
1983	: Sagitario
1984	: Capricornio
1985	: Acuario
1986	: Piscis
1987	: Aries
1988	: Géminis
1989	: Cáncer
1990	: Leo
1991	: Virgo
1992	: Virgo
del 10/10	: Libra
1993	: Libra
1994	: Escorpio
1995	: Sagitario
1996	: Capricornio
1997	: Acuario
1998	: Piscis
1999	: Tauro
2000	: Géminis
del 1/7	: Géminis
2001	: Géminis
del 12/7	: Cáncer
2002	: Cáncer
del 1/8	: Leo
2003	: Leo
del 27/8	: Virgo
2004	: Virgo
del 25/9	: Libra
2005	: Libra
del 26/10	: Escorpio
2006	: Escorpio
del 24/11	: Sagitario
2007	: Sagitario
del 18/12	: Capricornio

95

ESCORPIO

Descubra aquí en qué signo se encontraban los planetas lentos el año de su nacimiento.

Plutón

del 1937 al 1955	: Leo
del 1956 al 1970	: Virgo
del 1971 al 5/11/83	: Libra
del 6/11/83 al 9/11/95	: Esc.
del 10/11/95 al 2009	: Sag.
del 2009 al 2023	: Capr.

Neptuno

del 1914 al 1927	: Leo
del 1928 al 1941	: Virgo
del 1942 al 1955	: Libra
del 1956 al 6/11/70	: Esc.
del 7/11/70 al 20/11/84	: Sag.
del 21/11/84 al 1998	: Capr.
del 1999 al 2012	: Ac.

Urano

del 12/11/12 al 1919	: Ac.
del 1920 al 1926	: Piscis
1927: Aries del 4/11	: Piscis
del 1928 al 1934	: Aries
del 1935 al 1941	: Tauro
del 1942 al 1947	: Gém.
1948: Cán. del 21/11	: Gém.
del 1949 al 1954	: Cáncer
del 1955 al 1/11/61	: Leo
del 2/11/61 al 1967	: Virgo
del 1968 al 20/11/74	: Libra
del 21/11/74 al 16/11/81	: Esc.
del 16/11/81 al 1988	: Sag.
del 1989 al 1995	: Capr.
del 1996 al 2003	: Ac.
del 2003 al 2011	: Piscis

Saturno

del 1910 al 1911	: Tauro
del 1912 al 1913	: Gém.
del 1914 al 1915	: Cáncer
del 1916 al 1918	: Leo
del 1919 al 1920	: Virgo
del 1921 al 1923	: Libra
del 1924 al 1926	: Esc.
del 1927 al 1929	: Sag.
del 1930 al 19/11/32	: Capr.
del 20/11/32 al 1934	: Ac.
del 1935 al 1937	: Piscis
del 1938 al 1939	: Aries
del 1940 al 1941	: Tauro
del 1942 al 1943	: Gém.
del 1944 al 1945	: Cáncer
del 1946 al 1947	: Leo
del 1948 al 20/11/50	: Virgo
del 21/11/50 al 1952	: Libra
del 1953 al 1955	: Esc.
del 1956 al 1958	: Sag.
del 1959 al 1961	: Capr.
del 1962 al 1964	: Ac.
del 1965 al 1966	: Piscis
del 1967 al 1968	: Aries
del 1969 al 1970	: Tauro
del 1971 al 1972	: Gém.
del 1973 al 1974	: Cáncer
del 1975 al 16/11/77	: Leo
del 17/11/77 al 1979	: Virgo

del 1980 al 1982	: Libra
del 1983 al 16/11/85	: Esc.
del 17/11/85 al 11/11/88	: Sag.
del 12/11/88 al 1990	: Capr.
del 1991 al 1993	: Ac.
del 1994 al 1995	: Piscis
del 1996 al 1997	: Aries
1998: Tauro del 26/10	: Aries
1999	: Tauro
del 1/3/99 al 20/4/01	: Gém.
del 20/4/01 al 22/4/05	: Cáncer
del 22/4/05 al 2/9/07	: Leo
del 2/9/07 al 29/10/09	: Virgo

Júpiter

1913	: Capricornio
1914	: Acuario
1915	: Piscis
1916	: Tauro
del 27/10	: Aries
1917	: Géminis
1918	: Cáncer
1919	: Leo
1920	: Virgo
1921	: Libra
1922	: Libra
del 27/10	: Escorpio
1923	: Escorpio
1924	: Sagitario
1925	: Capricornio
1926	: Acuario
1927	: Piscis
1928	: Tauro
1929	: Géminis
1930	: Cáncer
1931	: Leo
1932	: Virgo
1933	: Libra
1934	: Escorpio
1935	: Escorpio
del 9/11	: Sagitario
1936	: Sagitario
1937	: Capricornio
1938	: Acuario
1939	: Aries
del 30/10	: Piscis
1940	: Tauro
1941	: Géminis
1942	: Cáncer
1943	: Leo
1944	: Virgo
1945	: Libra
1946	: Escorpio
1947	: Escorpio
1948	: Sagitario
del 15/11	: Capricornio
1949	: Capricornio
1950	: Acuario
1951	: Aries
1952	: Tauro
1953	: Géminis
1954	: Cáncer
1955	: Leo
del 17/11	: Virgo
1956	: Virgo

1957	: Libra
1958	: Escorpio
1959	: Sagitario
1960	: Sagitario
del 26/10	: Capricornio
1961	: Capricornio
del 4/11	: Acuario
1962	: Piscis
1963	: Aries
1964	: Tauro
1965	: Cáncer
del 17/11	: Géminis
1966	: Leo
1967	: Virgo
1968	: Virgo
del 16/11	: Libra
1969	: Libra
1970	: Escorpio
1971	: Sagitario
1972	: Capricornio
1973	: Acuario
1974	: Piscis
1975	: Aries
1976	: Tauro
1977	: Cáncer
1978	: Leo
1979	: Virgo
1980	: Virgo
del 27/10	: Libra
1981	: Libra
1982	: Escorpio
1983	: Sagitario
1984	: Capricornio
1985	: Acuario
1986	: Piscis
1987	: Aries
1988	: Géminis
1989	: Cáncer
1990	: Leo
1991	: Virgo
1992	: Libra
1993	: Libra
del 10/11	: Escorpio
1994	: Escorpio
1995	: Sagitario
1996	: Capricornio
1997	: Acuario
1998	: Piscis
1999	: Aries
2000	: Géminis
del 1/7	: Géminis
2001	: Géminis
del 12/7	: Cáncer
2002	: Cáncer
del 1/8	: Leo
2003	: Leo
del 27/8	: Virgo
2004	: Virgo
del 25/9	: Libra
2005	: Libra
del 26/10	: Escorpio
2006	: Escorpio
del 24/11	: Sagitario
2007	: Sagitario
del 18/12	: Capricornio

SAGITARIO

Descubra aquí en qué signo se encontraban los planetas lentos el año de su nacimiento.

Plutón
1937: Leo del 25/11 : Cáncer
del 1938 al 1955 : Leo
del 1956 al 1970 : Virgo
del 1971 al 1982 : Libra
del 1983 al 1994 : Esc.
del 1995 al 2009 : Sag.
del 2009 al 2023 : Capr.

Neptuno
1914: Leo del 15/12 : Cáncer
del 1915 al 1927 : Leo
del 1928 al 1941 : Virgo
del 1942 al 1955 : Libra
del 1956 al 1969 : Esc.
del 1970 al 1983 : Sag.
del 1984 al 27/11/98 : Capr.
del 28/11/98 al 2012 : Ac.

Urano
del 1912 al 1919 : Ac.
del 1920 al 1927 : Piscis
del 1928 al 1934 : Aries
del 1935 al 1941 : Tauro
del 1942 al 1948 : Gém.
del 1949 al 1954 : Cáncer
del 1955 al 1960 : Leo
del 1961 al 1967 : Virgo
del 1968 al 1973 : Libra
del 1974 al 1980 : Esc.
del 1981 al 2/12/88 : Sag.
del 3/12/88 al 1995 : Capr.
del 1996 al 2003 : Ac.
del 2003 al 2011 : Piscis

Saturno
1910 : Tauro del 15/12 : Aries
1911 : Tauro
1912 : Gém. del 1/12 : Tauro
1913 : Géminis
1914 : Cánc. del 7/12 : Gém.
1915 : Cáncer
1916: Leo del 8/12 : Cáncer
del 1917 al 1918 : Leo
del 1919 al 1920 : Virgo
del 1921 al 19/12/23 : Libra
del 20/12/23 al 2/12/26 : Esc.
del 3/12/26 al 30/11/29 : Sag.
del 1/12/29 al 1931 : Capr.
del 1932 al 1934 : Ac.
del 1935 al 1937 : Piscis
del 1938 al 1939 : Aries
del 1940 al 1941 : Tauro
del 1942 al 1943 : Gém.
del 1944 al 1945 : Cáncer
del 1946 al 1947 : Leo
del 1948 al 1949 : Virgo
del 1950 al 1952 : Libra
del 1953 al 1955 : Esc.
del 1956 al 1958 : Sag.
del 1959 al 1961 : Capr.
del 1962 al 15/12/64 : Ac.
del 16/12/64 al 1966 : Piscis
del 1967 al 1968 : Aries
del 1969 al 1970 : Tauro

del 1971 al 1972 : Gém.
del 1973 al 1974 : Cáncer
del 1975 al 1976 : Leo
del 1977 al 1979 : Virgo
del 1980 al 28/11/82 : Libra
del 29/11/82 al 1984 : Esc.
del 1985 al 1987 : Sag.
del 1988 al 1990 : Capr.
del 1991 al 1993 : Ac.
del 1994 al 1995 : Piscis
del 1996 al 1998 : Aries
1999 : Tauro
del 1/3/99 al 20/4/01 : Gém.
del 20/4/01 al 22/4/05 : Cáncer
del 22/4/05 al 2/9/07 : Leo
del 2/9/07 al 29/10/09 : Virgo

Júpiter
1914 : Acuario
1915 : Piscis
1916 : Aries
1917 : Géminis
1918 : Cáncer
1919 : Leo
1920 : Virgo
1921 : Libra
1922 : Escorpio
1923 : Escorpio
del 25/11 : Sagitario
1924 : Sagitario
del 18/12 : Capricornio
1925 : Capricornio
1926 : Acuario
1927 : Piscis
1928 : Tauro
1929 : Géminis
1930 : Cáncer
1931 : Leo
1932 : Virgo
1933 : Libra
1934 : Escorpio
1935 : Sagitario
1936 : Sagitario
del 2/12 : Capricornio
1937 : Capricornio
1938 : Acuario
1939 : Piscis
1940 : Tauro
1941 : Géminis
1942 : Cáncer
1943 : Leo
1944 : Virgo
1945 : Libra
1946 : Escorpio
1947 : Sagitario
1948 : Capricornio
1949 : Capricornio
del 1/12 : Acuario
1950 : Acuario
del 2/12 : Piscis
1951 : Aries
1952 : Tauro
1953 : Géminis
1954 : Cáncer
1955 : Virgo

1956 : Virgo
del 13/12 : Libra
1957 : Libra
1958 : Escorpio
1959 : Sagitario
1960 : Capricornio
1961 : Acuario
1962 : Piscis
1963 : Aries
1964 : Tauro
1965 : Géminis
1966 : Leo
1967 : Virgo
1968 : Libra
1969 : Libra
del 17/12 : Escorpio
1970 : Escorpio
1971 : Sagitario
1972 : Capricornio
1973 : Acuario
1974 : Piscis
1975 : Aries
1976 : Tauro
1977 : Cáncer
1978 : Leo
1979 : Virgo
1980 : Libra
1981 : Libra
del 27/11 : Escorpio
1982 : Escorpio
1983 : Sagitario
1984 : Capricornio
1985 : Acuario
1986 : Piscis
1987 : Aries
1988 : Géminis
del 1/12 : Tauro
1989 : Cáncer
1990 : Leo
1991 : Virgo
1992 : Libra
1993 : Escorpio
1994 : Escorpio
del 9/12 : Sagitario
1995 : Sagitario
1996 : Capricornio
1997 : Acuario
1998 : Piscis
1999 : Aries
2000 : Géminis
del 1/7 : Géminis
2001 : Géminis
del 12/7 : Cáncer
2002 : Cáncer
del 1/8 : Leo
2003 : Leo
del 27/8 : Virgo
2004 : Virgo
del 25/9 : Libra
2005 : Libra
del 26/10 : Escorpio
2006 : Escorpio
del 24/11 : Sagitario
2007 : Sagitario
del 18/12 : Capricornio

CAPRICORNIO

Descubra aquí en qué signo se encontraban los planetas lentos el año de su nacimiento.

Plutón

dic.1938-en.1956	: Leo
dic.1956-14/1/57	: Virgo
del 15/1/57	: Leo
dic.1957-en.1971	: Virgo
dic.1971-en.1983	: Libra
dic.1983-16/1/95	: Esc.
17/1/95-dic.2009	: Sag.
del 2009 al 2023	: Capr.

Neptuno

dic.1915-en.1928	: Leo
dic.1928-en.1942	: Virgo
dic.1942-24/12/55	: Libra
25/12/55-4/1/70	: Esc.
5/1/70-en.1984	: Sag.
dic.1984-en.1998	: Capr.
dic.1998-dic.2012	: Ac.

Urano

dic.1912-en.1920	: Ac.
dic.1920-12/1/28	: Piscis
13/1/28-en.1935	: Aries
dic.1935-en.1942	: Tauro
dic.1942-3n.1949	: Gém.
dic.1949-en.1955	: Cáncer
dic.1955-en.1961	: Leo
dic.1961-9/1/62	: Virgo
del 10/1/62	: Virgo
dic.1962-en.1968	: Virgo
dic.1968-en.1974	: Libra
dic.1974-en.1981	: Esc.
dic.1981-en.1988	: Sag.
dic.1988-11/1/96	: Capr.
12/1/96-dic.2003	: Ac.
del 2003 al 2011	: Piscis

Saturno

dic.1911-en.1913	: Tauro
dic.1913-en.1915	: Gém.
dic.1915-en.1917	: Cáncer
dic.1917-en.1919	: Leo
dic.1919-en.1921	: Virgo
dic.1921-en.1923	: Libra
dic.1923-en.1926	: Esc.
dic.1926-en.1929	: Sag.
dic.1929-en.1932	: Capr.
dic.1932-en.1935	: Ac.
dic.1935-13/1/38	: Piscis
14/1/38-en.1940	: Aries
dic.1940-en.1942	: Tauro
dic.1942-en.1944	: Gém.
dic.1944-en.1946	: Cáncer
dic.1946-en.1948	: Leo
dic.1948.en.1950	: Virgo
dic.1950.en.1953	: Libra
dic.1953.12/1/56	: Esc.
13/1/56-5/1/59	: Sag.
6/1/59-3/1/62	: Capr.
4/1/62-en.1964	: Ac.
dic.1964-en.1967	: Piscis
dic.1967-en.1969	: Aries
dic.1969-en.1971	: Tauro
dic.1971-9/1/72	: Gém.
del 10/1/72	: Tauro
dic.1972-en.1973	: Gém.
dic.1973-7/1/74	: Cáncer
del 8/1/74	: Gém.
dic.1974-en.1975	: Cáncer
dic.1975-14/1/76	: Leo
del 14/1/76	: Cáncer
dic.1976-en.1977	: Leo
dic.1977-4/1/78	: Virgo
del 5/1/78	: Leo
dic.1978-en.1980	: Virgo
dic.1980-en.1982	: Libra
dic.1982-en.1985	: Esc.
dic.1985-en.1988	: Sag.
dic.1988-en.1991	: Capr.
dic.1991-en.1994	: Ac.
dic.1994-en.1996	: Piscis
dic.1996-en.1999	: Aries
del 1/2/99-20/4/01	: Gém.
del 20/4/01-22/4/05	: Cáncer
del 22/4/05 al 2/9/07	: Leo
del 2/9/07 al 29/10/09	: Virgo

Júpiter

dic.1906-en.1907	: Cáncer
dic.1907-en.1908	: Leo
dic.1908-en.1909	: Virgo
dic.1909-en.1910	: Libra
dic.1910-en.1911	: Esc.
dic.1911-2/1/13	: Sag.
3/1/13-en.1914	: Capr.
dic.1914-en.1915	: Ac.
dic.1915-en.1916	: Piscis
dic.1916-en.1917	: Aries
dic.1917-en.1918	: Gém.
dic.1918-en.1919	: Cáncer
dic.1919-en.1920	: Leo
dic.1920-en.1921	: Virgo
dic.1921-en.1922	: Libra
dic.1922-en.1923	: Esc.
dic.1923-en.1924	: Sag.
dic. 1925 ?????	
dic.5-1-1926	: Capr.
6/1/26-17/1/27	: Ac.
18/1/27-en.1928	: Piscis
dic.1928-en.1929	: Tauro
dic.1929-en.1930	: Gém.
dic.1930-en.1931	: Cáncer
dic.1931-en.1932	: Leo
dic.1932-en.1933	: Virgo
dic.1933-en.1934	: Libra
dic.1934-en.1935	: Esc.
dic.1935-en.1936	: Sag.
dic.1936-en.1937	: Capr.
dic.1937-29/12/38	: Ac.
30/12/38-en.1939	: Piscis
dic.1939-en.1940	: Aries
dic.1940-en.1941	: Tauro
dic.1941-en.1942	: Gém.
dic.1942-en.1943	: Cáncer
dic.1943-en.1944	: Leo
dic.1944-en.1945	: Virgo
dic.1945-en.1946	: Libra
dic.1946-en.1947	: Esc.
dic.1947-en.1948	: Sag.
dic.1948-en.1949	: Capr.
dic.1949-en.1950	: Ac.
dic.1950-en.1951	: Piscis
dic.1951-en.1952	: Aries
dic.1952-en.1953	: Tauro
dic.1953-en.1954	: Gém.
dic.1954-en.1955	: Cáncer
dic.1955-17/1/56	: Virgo
del 18/1/56	: Leo
dic.1956-13/1/58	: Libra
14/1/58-en.1959	: Esc.
dic.1959-en.1960	: Sag.
dic.1960-en.1961	: Capr.
dic.1961-en.1962	: Ac.
dic.1962-en.1963	: Piscis
dic.1963-en.1964	: Aries
dic.1964-en.1965	: Tauro
dic.1965-en.1966	: Gém.
dic.1966-15/1/67	: Leo
del 16/1/67	: Cáncer
dic.1967-en.1968	: Virgo
dic.1968-en.1969	: Libra
dic.1969-13/1/71	: Esc.
14/1/71-en.1972	: Sag.
dic.1972-en.1973	: Capr.
dic.1973-en.1974	: Ac.
dic.1974-en.1975	: Piscis
dic.1975-en.1976	: Aries
dic.1976-en.1977	: Tauro
dic.1977	: Cáncer
31/12/77-en.1978	: Gém.
dic.1978-en.1979	: Leo
dic.1979-en.1980	: Virgo
dic.1980-en.1981	: Libra
dic.1981-25/12/82	: Esc.
26/12/82-en.1984	: Sag.
dic.1984-en.1985	: Capr.
dic.1985-en.1986	: Ac.
dic.1986-en.1987	: Piscis
dic.1987-en.1988	: Aries
dic.1988-en.1989	: Tauro
dic.1989-en.1990	: Cáncer
dic.1990-en.1991	: Leo
dic.1991-en.1992	: Virgo
dic.1992-en.1993	: Libra
dic.1993-en.1994	: Esc.
dic.1994-2/1/96	: Sag.
3/1/96-en.1997	: Capr.
dic.1997-en.1998	: Ac.
dic.1998-en.1999	: Piscis
dic.1999-en.2000	: Aries
dic.2000	: Gém.
2001	: Gém.
del 12/7	: Cáncer
2002	: Cáncer
del 1/8	: Leo
2003	: Leo
del 27/8	: Virgo
2004	: Virgo
del 25/9	: Libra
2005	: Libra
del 26/10	: Esc.
2006	: Esc.
del 24/11	: Sag.
2007	: Sag.
del 18/12	: Capr.

ACUARIO
Descubra aquí en qué signo se encontraban los planetas lentos el año de su nacimiento.

Plutón
1939: Leo del 7/2	: Cáncer
del 1940 al 1957	: Leo
del 1958 al 1971	: Virgo
del 1972 al 1983	: Libra
del 1984 al 1994	: Esc.
del 1995 al 2009	: Sag.
del 2009 al 2023	: Capr.

Neptuno
del 1916 al 1928	: Leo
del 1929 al 1942	: Virgo
del 1943 al 1955	: Libra
del 1956 al 1969	: Esc.
del 1970 al 1983	: Sag.
del 1984 al 28/1/98	: Capr.
del 29/1/98 al 2012	: Ac.

Urano
del 31/1/12 al 22/1/20	: Ac.
del 23/1/20 al 1927	: Piscis
del 1928 al 1935	: Aries
del 1936 al 1942	: Tauro
del 1943 al 1949	: Gém.
del 1950 al 1955	: Cáncer
1956: Leo del 28/1	: Cáncer
del 1957 al 1962	: Leo
del 1963 al 1968	: Virgo
del 1969 al 1974	: Libra
del 1975 al 1981	: Esc.
del 1982 al 14/2/88	: Sag.
del 15/2/88 al 1995	: Capr.
del 1996 al 2003	: Ac.
del 2003 al 2011	: Piscis

Saturno
del 1911 al 1913	: Tauro
del 1914 al 1915	: Gém.
del 1916 al 1917	: Cánc.
del 1918 al 1919	: Leo
del 1920 al 1921	: Virgo
del 1922 al 1923	: Libra
del 1924 al 1926	: Esc.
del 1927 al 1929	: Sag.
del 1930 al 1932	: Capr.
del 1933 al 14/2/35	: Ac.
del 15/2/35 al 1937	: Piscis
del 1938 al 1940	: Aries
del 1941 al 1942	: Tauro
del 1943 al 1944	: Gém.
del 1945 al 1946	: Cáncer
del 1947 al 1948	: Leo
del 1949 al 1950	: Virgo
del 1951 al 1953	: Libra
del 1954 al 1955	: Esc.
del 1956 al 1958	: Sag.
del 1959 al 1961	: Capr.
del 1962 al 1964	: Ac.
del 1965 al 1967	: Piscis
del 1968 al 1969	: Aries
del 1970 al 1972	: Tauro
del 1973 al 1974	: Gém.
del 1975 al 1976	: Cáncer
del 1977 al 1978	: Leo
del 1979 al 1980	: Virgo

del 1981 al 1982	: Libra
del 1983 al 1985	: Esc.
del 1986 al 13/2/88	: Sag.
del 14/2/88 al 6/2/91	: Capr.
del 7/2/91 al 28/1/94	: Ac.
del 29/1/94 al 1996	: Piscis
del 1997 al 1999	: Aries
del 1/3/99 al 20/4/01	: Gém.
del 20/4/01 al 22/4/05	: Cáncer
del 22/4/05 al 2/9/07	: Leo
del 2/9/07 al 29/10/09	: Virgo

Júpiter
1910	: Libra
1911	: Escorpio
1912	: Sagitario
1913	: Capricornio
1914	: Capricornio
del 22/1	: Acuario
1915	: Acuario
del 4/2	: Piscis
1916	: Piscis
del 12/2	: Aries
1917	: Aries
del 13/2	: Tauro
1918	: Géminis
1919	: Cáncer
1920	: Leo
1921	: Virgo
1922	: Libra
1923	: Escorpio
1924	: Sagitario
1925	: Capricornio
1926	: Acuario
1927	: Piscis
1928	: Piscis
del 23/1	: Aries
1929	: Tauro
1930	: Géminis
1931	: Cáncer
1932	: Leo
1933	: Virgo
1934	: Libra
1935	: Escorpio
1936	: Sagitario
1937	: Capricornio
1938	: Acuario
1939	: Piscis
1940	: Aries
1941	: Tauro
1942	: Géminis
1943	: Cáncer
1944	: Leo
1945	: Virgo
1946	: Libra
1947	: Escorpio
1948	: Sagitario
1949	: Capricornio
1950	: Acuario
1951	: Piscis
1952	: Aries
1953	: Tauro
1954	: Géminis
1955	: Cáncer
1956	: Leo

1957	: Libra
1958	: Escorpio
1959	: Escorpio
del 10/2	: Sagitario
1960	: Sagitario
1961	: Capricornio
1962	: Acuario
1963	: Piscis
1964	: Aries
1965	: Tauro
1966	: Géminis
1967	: Cáncer
1968	: Virgo
1969	: Libra
1970	: Escorpio
1971	: Sagitario
1972	: Sagitario
del 7/2	: Capricornio
1973	: Capricornio
1974	: Acuario
1975	: Piscis
1976	: Aries
1977	: Tauro
1978	: Géminis
1979	: Leo
1980	: Virgo
1981	: Libra
1982	: Escorpio
1983	: Sagitario
1984	: Capricornio
1985	: Capricornio
del 7/2	: Acuario
1986	: Acuario
1987	: Piscis
1988	: Aries
1989	: Tauro
1990	: Cáncer
1991	: Leo
1992	: Virgo
1993	: Libra
1994	: Escorpio
1995	: Sagitario
1996	: Capricornio
1997	: Capricornio
del 22/1	: Acuario
1998	: Acuario
del 4/2	: Piscis
1999	: Piscis
del 13/2	: Aries
2000	: Aries
del 1/7	: Géminis
2001	: Géminis
del 12/7	: Cáncer
2002	: Cáncer
del 1/8	: Leo
2003	: Leo
del 27/8	: Virgo
2004	: Virgo
del 25/9	: Libra
2005	: Libra
del 26/10	: Escorpio
2006	: Escorpio
del 24/11	: Sagitario
2007	: Sagitario
del 18/12	: Capricornio

PISCIS

Descubra aquí en qué signo se encontraban los planetas lentos el año de su nacimiento.

Plutón
del 1940 al 1957 : Leo
del 1958 al 1971 : Virgo
del 1972 al 1983 : Libra
del 1984 al 1994 : Esc.
del 1995 al 2009 : Sag.
del 2009 al 2023 : Capr.

Neptuno
del 1916 al 1929 : Leo
del 1930 al 1942 : Virgo
del 1943 al 1955 : Libra
1956: Esc. del 1273 : Libra
del 1957 al 1969 : Esc.
del 1970 al 1983 : Sag.
del 1984 al 1997 : Capr.
del 1998 al 2012 : Ac.

Urano
del 1912 al 1919 : Ac.
del 1920 al 1927 : Piscis
del 1928 al 1935 : Aries
del 1936 al 1942 : Tauro
del 1943 al 1949 : Gém.
del 1950 al 1956 : Cáncer
del 1957 al 1962 : Leo
del 1963 al 1968 : Virgo
del 1969 al 1974 : Libra
del 1975 al 1980 : Esc.
del 1981 al 1987 : Sag.
del 1988 al 1995 : Capr.
del 1996 al 2003 : Ac.
del 2003 al 2011 : Piscis

Saturno
del 1911 al 1913 : Tauro
del 1914 al 1915 : Gém.
del 1916 al 1917 : Cáncer
del 1918 al 1919 : Leo
del 1920 al 1921 : Virgo
del 1922 al 1923 : Libra
del 1924 al 1926 : Esc.
del 1927 al 15/3/29 : Sag.
del 16/3/29 al 23/2/32 : Capr.
del 24/2/32 al 1934 : Ac.
del 1935 al 1937 : Piscis
del 1938 al 1940 : Aries
del 1941 al 1942 : Tauro
del 1943 al 1944 : Gém.
del 1945 al 1946 : Cáncer
del 1947 al 1948 : Leo
del 1949 al 1950 : Virgo
1951: Lib. del 7/3 : Virgo
del 1952 al 1953 : Libra
del 1954 al 1955 : Esc.
del 1956 al 1958 : Sag.
del 1959 al 1961 : Capr.
del 1962 al 1964 : Ac.
del 1965 al 3/3/67 : Piscis
del 4/3/67 al 1969 : Aries
del 1970 al 21/2/72 : Tauro
del 22/2/72 al 1974 : Gém.
del 1975 al 1976 : Cáncer
del 1977 al 1978 : Leo
del 1979 al 1980 : Virgo

del 1981 al 1982 : Libra
del 1983 al 1985 : Esc.
del 1986 al 1987 : Sag.
del 1988 al 1990 : Capr.
del 1991 al 1993 : Ac.
del 1994 al 1996 : Piscis
del 1997 al 28/2/99 : Aries
del 1/3/99 al 20/4/01 : Gém.
del 20/4/01 al 22/4/05 : Cáncer
del 22/4/05 al 2/9/07 : Leo
del 2/9/07 al 29/10/09 : Virgo

Júpiter
1909 : Virgo
1910 : Libra
1911 : Escorpio
1912 : Sagitario
1913 : Capricornio
1914 : Acuario
1915 : Piscis
1916 : Aries
1917 : Tauro
1918 : Géminis
1919 : Cáncer
1920 : Leo
1921 : Virgo
1922 : Libra
1923 : Escorpio
1924 : Sagitario
1925 : Capricornio
1926 : Acuario
1927 : Piscis
1928 : Aries
1929 : Tauro
1930 : Géminis
1931 : Cáncer
1932 : Leo
1933 : Virgo
1934 : Libra
1935 : Escorpio
1936 : Sagitario
1937 : Capricornio
1938 : Acuario
1939 : Piscis
1940 : Aries
1941 : Tauro
1942 : Géminis
1943 : Cáncer
1944 : Leo
1945 : Virgo
1946 : Libra
1947 : Escorpio
1948 : Sagitario
1949 : Capricornio
1950 : Acuario
1951 : Piscis
1952 : Aries
1953 : Tauro
1954 : Géminis
1955 : Cáncer
1956 : Leo
1957 : Virgo
1958 : Escorpio
1959 : Sagitario
1960 : Sagitario

del 1/3 : Capricornio
1961 : Capricornio
del 15/3 : Acuario
1962 : Acuario
1963 : Piscis
1964 : Aries
1965 : Tauro
1966 : Géminis
1967 : Cáncer
1968 : Virgo
del 27/2 : Leo
1969 : Libra
1970 : Escorpio
1971 : Sagitario
1972 : Capricornio
1973 : Capricornio
del 23/2 : Acuario
1974 : Acuario
del 8/3 : Piscis
1975 : Piscis
del 19/3 : Aries
1976 : Aries
1977 : Tauro
1978 : Géminis
1979 : Leo
del 1/3 : Cáncer
1980 : Virgo
1981 : Libra
1982 : Escorpio
1983 : Sagitario
1984 : Capricornio
1985 : Acuario
1986 : Acuario
del 21/2 : Piscis
1987 : Piscis
del 3/3 : Aries
1988 : Aries
del 9/3 : Tauro
1989 : Tauro
del 11/3 : Géminis
1990 : Cáncer
1992 : Virgo
1993 : Libra
1994 : Escorpio
1995 : Sagitario
1996 : Capricornio
1997 : Acuario
1998 : Piscis
1999 : Aries
2000 : Tauro
del 1/7 : Géminis
2001 : Géminis
del 12/7 : Cáncer
2002 : Cáncer
del 1/8 : Leo
2003 : Leo
del 27/8 : Virgo
2004 : Virgo
del 25/9 : Libra
2005 : Libra
del 26/10 : Escorpio
2006 : Escorpio
del 24/11 : Sagitario
2007 : Sagitario
del 18/12 : Capricornio

Aspectos planetarios

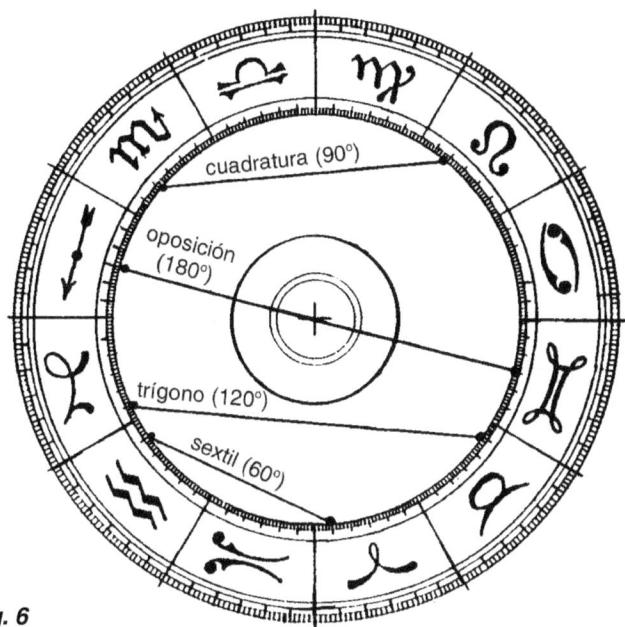

Fig. 6

En su recorrido a lo largo del círculo zodiacal, los astros ocupan diferentes posiciones y, por lo tanto, se encuentran a distintas distancias entre sí. Estas relaciones de distancia, expresadas en grados, se denominan **aspectos** y constituyen un instrumento esencial para la interpretación astrológica. La relación angular que se establece entre dos o más planetas influye en la dinámica de las fuerzas en juego, ya sea estimulándolas o ralentizándolas.

En el **tema natal**, es decir, en la "fotografía" del cielo en el momento del nacimiento, los aspectos tejen la estructura de los distintos componentes de la personalidad y la experiencia individual. Por otro lado, los nuevos ángulos que los astros forman en el cielo con las posiciones planetarias originales constituyen otro tipo de aspecto: los **tránsitos**, que permiten seguir la evolución de la persona a lo largo del tiempo.

Principales aspectos astrológicos

- **Conjunción**: Dos o más planetas se encuentran en el mismo grado zodiacal.
- **Sextil**: Los planetas están separados por una distancia de 60°.
- **Cuadratura**: Los planetas se encuentran a 90° de distancia.
- **Trigono**: Los planetas están a 120° de separación.
- **Oposición**: Los planetas se encuentran a una distancia de 180°.

Para todos estos aspectos, se acepta un margen de tolerancia de **7 a 10 grados**, dependiendo de la naturaleza de los planetas involucrados.

Influencia de los aspectos

Los **aspectos armónicos**, como el sextil y el trígono, favorecen la interacción fluida entre las fuerzas astrales implicadas. El sextil representa una oportunidad favorable, una ventaja que puede aprovecharse, mientras que el trígono tiene un impacto más evidente y puede considerarse un "don natural". Este último permite la plena expresión de las energías en juego de manera equilibrada y espontánea.

Por otro lado, los **aspectos tensos**, como la cuadratura y la oposición, generan relaciones inarmónicas entre los planetas, creando tensión y contradicción. La cuadratura indica un obstáculo que puede manifestarse como una limitación, un desorden o una dispersión de energía, siempre señalando un desafío a superar. La oposición, en cambio, representa un antagonismo entre dos fuerzas contrapuestas, que pueden alternarse en predominio o generar un conflicto en el que una de ellas se impone sobre la otra.

La **conjunción** es un caso especial, ya que puede tener tanto un efecto positivo como negativo, dependiendo de los planetas implicados. Representa una concentración de energía en un solo punto, lo que le otorga una importancia particular dentro del mapa astral.

Es importante señalar que la distinción entre aspectos positivos y negativos no debe entenderse de manera rígida. Cada aspecto se evalúa dentro del contexto general del tema natal, considerando su interacción con el conjunto del mapa astral.

En la representación gráfica del **tema astral de nacimiento**, los aspectos planetarios se ilustran mediante líneas que conectan los planetas vinculados por un determinado aspecto (véase fig. 6).

Entendimiento entre los signos

Existen afinidades naturales entre los signos del zodiaco, basadas en la compatibilidad de los cuatro elementos: fuego, tierra, aire y agua. Recordemos brevemente la distribución de los signos:

- **Fuego**: Aries, Leo y Sagitario.
- **Tierra**: Tauro, Virgo y Capricornio.
- **Aire**: Géminis, Libra y Acuario.
- **Agua**: Cáncer, Escorpio y Piscis.

En términos generales, los signos que comparten el mismo elemento tienden a desarrollar una simpatía inmediata, ya que poseen un lenguaje común: los signos de fuego son dinámicos, los de tierra realistas, los de aire comunicativos y los de agua emocionales.

Además, existe una buena compatibilidad entre los elementos **tierra y agua**, así como entre **fuego y aire**. En el primer caso, el agua fertiliza y suaviza la tierra, mientras que, en el segundo, el aire aviva la energía del fuego.

Sin embargo, estas afinidades generales no bastan para explicar la complejidad de las relaciones interpersonales. Así como el carácter de una persona es una combinación única de virtudes, defectos e inclinaciones, el estudio de la carta astral debe considerar un conjunto de influencias que determinan gustos, predilecciones y afinidades.

El **signo solar** es la base de la personalidad, pero para obtener una visión más completa en las relaciones interpersonales —y especialmente en las relaciones afectivas— es necesario analizar el **ascendente**, así como los planetas **Luna, Venus y Marte**.

Aspectos con el ascendente

Como se ha descrito en capítulos anteriores, el **ascendente** refleja las actitudes espontáneas y la forma en que una persona se presenta ante los demás. Al ser la primera impresión que proyecta, juega un papel fundamental en la atracción o rechazo inicial, aunque estas

impresiones pueden cambiar con el tiempo a medida que se profundiza el conocimiento mutuo.

Es común que una persona sienta afinidad inmediata por aquellos que tienen el ascendente en su mismo signo, ya que los percibe como semejantes.

El ascendente es particularmente relevante en la determinación de la compatibilidad de pareja, ya que se opone al **descendente**, que marca la **Casa VII**. Esta casa es tradicionalmente conocida como la Casa del matrimonio, pero de manera más precisa, representa el sector donde la persona encuentra su "otro yo". El modo en que se desarrolla este encuentro define las expectativas dentro de la relación.

Para evaluar la atracción y el potencial de evolución en una relación de pareja, es crucial analizar los aspectos que involucran el eje **ascendente-descendente** y la posición de los planetas en las **Casas I y VII**.

Los astros clave: el Sol y la Luna

El **Sol y la Luna** son los factores más influyentes para determinar las afinidades en una relación íntima. Representan una polaridad fundamental dentro de la personalidad: **el Sol simboliza lo masculino, lo consciente y la identidad; la Luna encarna lo femenino, lo inconsciente y las emociones.**

Por lo general, existe una buena conexión entre personas del mismo signo solar, aunque esto por sí solo no garantiza un entendimiento sentimental profundo.

Es frecuente que un hombre se sienta atraído por mujeres cuyo signo solar coincide con el signo donde se encuentra su Luna natal. Por ejemplo, un hombre Tauro con la Luna en Sagitario puede sentirse atraído por mujeres Sagitario, ya que estas pueden evocar recuerdos maternos o encarnar su ideal femenino. En este tipo de conexión, la mujer ejerce una atracción especial sobre el hombre, ya que despierta en él emociones inconscientes y da forma a sus fantasías.

Otro caso frecuente es cuando un hombre se siente atraído por mujeres cuya Luna está en el mismo signo que la suya. Por ejemplo, un hombre con la Luna en Leo puede sentirse muy bien con una mujer que también la tenga en Leo. Esta combinación genera una gran sintonía emocional y una comprensión mutua casi instintiva, aunque también puede derivar en una relación demasiado homogénea, sin la chispa que aporta la diferencia.

Un vínculo interesante se da cuando el **Sol de un hombre coincide con la Luna de una mujer** en el mismo signo. Por ejemplo, si un hombre es nativo de Piscis y la mujer tiene la Luna en Piscis, la atracción será fuerte porque él representa de manera consciente lo que ella busca en lo emocional. En este caso, la mujer percibe en él a alguien que puede comprender y satisfacer sus necesidades afectivas más profundas.

Cuando en estas combinaciones el Sol y la Luna están en **conjunción exacta**, la conexión es aún más intensa y profunda, consolidando una relación con bases sólidas.

Por otro lado, las relaciones en las que las **Lunas de ambos están en signos opuestos** (por ejemplo, **él con Luna en Libra y ella con Luna en Aries**) o en las que **el Sol de uno y la Luna del otro están en signos opuestos** (por ejemplo, **él con el Sol en Géminis y ella con la Luna en Sagitario**) son altamente estimulantes. Aunque pueden requerir esfuerzo para comprender las diferencias, estas relaciones permiten un intercambio enriquecedor en el que ambos se complementan y aportan nuevas perspectivas a la vida del otro.

Venus y Marte

Los planetas Venus y Marte desempeñan un papel fundamental en las relaciones amorosas. Venus simboliza el mundo de los sentimientos y la capacidad de atracción que se ejerce sobre una posible pareja. En el caso de una carta astral femenina, indica cómo la mujer se entrega a una relación; en la carta astral masculina, revela a qué señales afectivas es más receptivo el hombre. Marte, por su parte, representa el impulso, la pasión y la energía necesaria para la conquista. En el hombre, define su expresión de virilidad y deseo sexual; en la mujer, señala el tipo de hombre que más la atrae y su forma de tomar la iniciativa para captar su atención.

La relación entre Venus y Marte es, por lo tanto, un factor esencial para determinar la compatibilidad afectiva en su conjunto, en particular la atracción física y la conexión erótica. La conjunción entre el Venus de una persona y el Marte de otra es un claro indicio de fuerte atracción recíproca. Cuando este contacto astral se manifiesta, incluso de manera involuntaria, se percibe una tensión magnética en el primer encuentro, lo que puede desembocar en una relación apasionada y de intensa necesidad física mutua. En estos casos, la pareja tiende a funcionar muy bien a nivel instintivo. Si no existen

otros factores de discordia en la carta astral, la conjunción Venus-Marte puede convertirse en un punto de fortaleza para una relación vibrante y armoniosa. Un efecto similar, aunque menos intenso, se observa cuando Venus de un miembro de la pareja y Marte del otro se encuentran en el mismo signo sin formar una conjunción exacta.

Los aspectos favorables entre Venus y Marte, como el sextil y el trígono, también resultan beneficiosos. No solo favorecen el entendimiento sexual, sino que también contribuyen a una armonía sostenida en la relación, gracias a un constante flujo de energía afectiva.

Por otro lado, los aspectos tensos, como la cuadratura y la oposición, suelen indicar una elevada tensión sexual que, aunque estimulante, tiende a manifestarse en relaciones de corta duración o aventuras pasajeras. En este tipo de vínculos, la conexión es intensa pero a menudo problemática, llena de contradicciones, malentendidos y conflictos: los deseos de uno chocan con la voluntad del otro, lo que dificulta una estabilidad a largo plazo.

Además de la interacción entre Venus y Marte, también es relevante el vínculo entre Venus-Venus y Marte-Marte en la pareja. Una conexión armoniosa entre ambos Venus señala ternura y afectuosidad, mientras que una relación tensa puede generar diferencias que, aunque excitantes, pueden afectar la estabilidad emocional de la relación sin necesariamente comprometer su éxito. Por otro lado, una relación Marte-Marte armoniosa es crucial, ya que los aspectos disonantes entre estos planetas pueden generar rivalidad y competitividad en la pareja, lo que podría afectar la convivencia.

Este breve repaso sobre la influencia astral en las relaciones nos introduce en el fascinante campo de la sinastría, una rama de la astrología dedicada a la comparación de cartas natales para analizar las afinidades, fortalezas, desafíos y posibles conflictos dentro de una relación.

El estudio sinástrico resulta especialmente útil para aquellas parejas que desean comprender los patrones invisibles que rigen su vínculo, así como identificar las causas de ciertas incomprensiones y la mejor manera de superarlas.

Cabe destacar que la sinastría no se limita a las relaciones sentimentales; también se aplica a otros tipos de vínculos interpersonales, como la amistad o las relaciones laborales. Dependiendo del contexto, diferentes planetas adquieren mayor relevancia y se evalúan aspectos astrológicos específicos para determinar la naturaleza y dinámica del vínculo en cuestión.

Herencia astral

Las afinidades que se encuentran comparando las cartas astrales de padres e hijos merecen una atención particular: se puede hablar de una verdadera herencia astral que se transmite a la prole, así como se transmiten las características somáticas, temperamentales, etc. Esta unión astral entre el hijo y el padre no implica principalmente el signo solar: puede suceder que el hijo nazca bajo el mismo signo zodiacal del padre o de la madre, pero se trata de una probabilidad que por motivos obvios no se puede asumir como constante de herencia. En cambio, es muy frecuente que el hijo nazca con el ascendente en el mismo signo de uno de los padres: por ejemplo, un padre Aries y el hijo con el ascendente en Aries. Este es un factor bastante significativo puesto que el ascendente se basa en la hora de nacimiento y en cualquier fecha es posible nacer con el ascendente en cualquiera de los 12 signos. En este caso, el hijo asume actitudes y comportamientos inspirados por la personalidad del padre en cuestión y a menudo se le parece físicamente. Es también bastante frecuente que el hijo tenga el ascendente en el mismo signo que el ascendente de uno de los padres, y en este caso los dos se parecen mucho en la forma de actuar y de expresar se más inmediata. La posición de la Luna es una expresión de una unión particular con uno de los progenitores, cuando cae en el signo solar de uno de ellos (ejemplo: padre nativo de Géminis e hijo con Luna en Géminis). Si el progenitor en cuestión es la madre, es señal de una estrecha relación emocional y de una fuerte influencia materna sobre el hijo, que si es de sexo masculino tenderá a buscar una mujer similar a la madre, mientras que si es de sexo femenino se identificará fácilmente con la figura mater na y en ella se inspirará para construirse su propia feminidad. 101 26.145 Acuario_p045-108_06.394 Acuario 02 Común 31-Jan-18 9:15 AM Page 102 El discurso es similar cuando es el padre el que está implicado en esta correspondencia

astral: El hijo tomará más fácilmente al padre como figura de referencia, sobre todo en la infancia. Si es una mujer, nutrirá un amor especial por el padre; si se trata de un niño su sensibilidad y su visión de la mujer se verán influenciadas por la herencia paterna. A menudo el hijo hereda la misma posición lunar de uno de los progenitores: expresión de una intensa unión emotiva, de un apego particular y de una identificación inconsciente con el padre interesado, sobre todo en la infancia. Estas son las correspondencias astrales más frecuentes que constituyen los elementos de la herencia astral entre los padres y los hijos; pero el discurso podría continuar, remontarse a los abuelos y a los bisabuelos, para descubrir los lazos astrales que siguen el dibujo de la herencia de carácter, gustos, talento y defectos que se transmiten en las generaciones de una familia. Así como algunas señales físicas o de la personalidad, también algunas transmisiones saltan una generación y se podrían encontrar con claridad remontándose hacia atrás en el tiempo. Una búsqueda fascinante que puede tocar los argumentos más diversos relacionados con la familia: desde los problemas hereditarios hasta la psicología familiar, la genealogía, el seguimiento de actividades y empresas familiares. Pero sobre todo, la herencia astral representa otra ocasión para descubrir la armonía existente en el cosmos; el mensaje genético transmitido del padre al propio hijo encuentra su confirmación en las estrellas.

La influencia de los planetas lentos sobre las costumbres y la sociedad

Urano, Neptuno y Plutón son los planetas más lentos del sistema solar, avanzando apenas unos pocos grados por año a través del zodiaco y permaneciendo en el mismo signo durante largos períodos.

Por esta razón, su influencia no se limita a individuos, sino que marca a generaciones enteras, dejando una impronta característica en cada período histórico. En los capítulos anteriores, hemos analizado su impacto individual; en este, exploraremos su influencia generacional y su papel en la configuración del contexto histórico en el que vivimos.

Antes de profundizar en ello, repasemos sus movimientos astronómicos:

- **Urano**, el más rápido de los tres, completa una vuelta al zodiaco en aproximadamente 80 años, lo que significa que es el último de estos planetas que puede regresar a su posición natal dentro de una vida humana. Su tránsito por cada signo dura entre 6 y 7 años.
- **Neptuno**, en cambio, tarda alrededor de 164 años en recorrer todo el zodiaco, permaneciendo en cada signo unos 13 años.
- **lutón**, el más lento, completa su órbita en aproximadamente 250 años, cambiando de signo cada 20 años en promedio.

Estas cifras reflejan la gran relevancia de estos planetas en la historia de la humanidad. Su disposición cíclica en aspectos armónicos e inarmónicos ha acompañado los acontecimientos más significativos de cada época.

Las influencias generacionales

Urano

Como se ha explicado previamente, Urano representa la conciencia individual, el impulso hacia la renovación, los cambios drásticos y la

determinación para alcanzar objetivos mediante los recursos disponibles. Es el planeta de la tecnología, la innovación y la eficiencia. Su tránsito por los signos zodiacales influye en la predisposición de cada generación hacia la modernización, el dinamismo y la transformación social.

Algunas generaciones marcadas por Urano han sido:

- **Generación de los sesenta** (Urano en Géminis, hasta 1949): caracterizada por un espíritu intelectual, con énfasis en la educación, la cultura y la información. Fue una época de activismo, protesta histórica y una fuerte crítica social, combinada con una gran capacidad expresiva.
- **Generación de los años 1950** (Urano en Cáncer, 1949-1955): más tradicionalista y orientada a valores hedonistas, aunque en el otro extremo también propensa al fanatismo ideológico.
- **Generación "yuppie"** (Urano en Leo, 1955-1962): con un fuerte deseo de éxito personal, orgullo e individualismo, acompañados de una gran preocupación por el prestigio social.
- **Generación de los técnicos** (Urano en Virgo, 1962-1968): pragmática, eficiente y realista, con una mentalidad bien organizada y un enfoque práctico para la consecución de sus metas.
- **Generación de la justicia y la diplomacia** (Urano en Libra, 1969-1974): individuos con una apariencia serena, pero con un sentido del juicio riguroso y una búsqueda de equilibrio entre la crítica social y la armonía personal.
- **Generación del inconformismo** (Urano en Escorpio, 1975-1981): creativa, combativa y anticonvencional, con un espíritu experimental y una marcada capacidad de decisión.
- **Generación del idealismo** (Urano en Sagitario, 1982-1988): con una necesidad de afirmarse a través de valores morales sólidos, aunque con inquietud y constantes cambios de objetivos.
- **Generación pragmática** (Urano en Capricornio, 1989-1995): con un sentido práctico y realista, ambiciones bien dirigidas y un enfoque meticuloso para alcanzar sus objetivos.
- **Generación innovadora** (Urano en Acuario, 1995-2003): caracterizada por un fuerte sentido de la anticipación, creatividad e inventiva, combinando individualismo con actitudes colaborativas y altruistas.

Neptuno

Neptuno simboliza la inquietud interior que impulsa la exploración y la aventura. Representa las aspiraciones espirituales, la imaginación creativa y la capacidad de soñar con un mundo diferente. Su tránsito por los signos zodiacales influye en la evolución de las costumbres, la mentalidad colectiva y la sensibilidad hacia experiencias que trascienden la realidad.

Algunas generaciones marcadas por Neptuno han sido:

- **Generación del sacrificio y la disciplina** (Neptuno en Virgo, 1929-1943): caracterizada por una mentalidad prudente y rígida, con un fuerte enfoque en el trabajo, el ahorro y el sacrificio. Se limitaban las aspiraciones de cambio y el progreso se orientaba hacia el ámbito técnico y científico.
- **Generación de la sensibilidad social** (Neptuno en Libra, 1943-1956): dio paso a una evolución más moderada de las costumbres, con una nueva sensibilidad en el ámbito social y un incremento en la valoración de los placeres de la vida, aunque dentro de un marco moral aún estricto.
- **Generación de la revolución cultural** (Neptuno en Escorpio, 1956-1969): marcó una ruptura radical con el pasado, con manifestaciones creativas, pero también rebeldes y, en algunos casos, autodestructivas.
- **Generación del idealismo tradicional** (Neptuno en Sagitario, 1969-1984): más apegada a valores convencionales y principios morales sólidos, pero también con una fuerte inclinación hacia la aventura y la exploración de nuevas ideas.
- **Generación del realismo práctico** (Neptuno en Capricornio, 1985-1997): caracterizada por un menor idealismo, con un enfoque en la eficiencia técnica y un resurgimiento del moralismo estricto y el autoritarismo. Quienes nacieron bajo esta configuración tienden a desconfiar de utopías, prefiriendo evidencia concreta y objetivos realistas.
- **Generación de la utopía y la innovación** (Neptuno en Acuario, 1997-2012): más permeable a los ideales y las transformaciones sociales, con una visión progresista del mundo, aunque con el riesgo de caer en la evasión o en expectativas poco realistas.

Plutón y su Influencia Generacional

Plutón representa las fuerzas vitales, los impulsos creativos y evolutivos que nos llevan a desarrollar nuestras potencialidades latentes. Sin embargo, este proceso puede atravesar fases destructivas antes de la transformación. Su influencia nos conduce a la raíz de los problemas y moldea nuestros objetivos y decisiones finales, evidenciando la necesidad de cambios radicales.

Entre 1913 y 1938, Plutón transitó por Cáncer, marcando una época de conservadurismo, en la que los recursos se orientaban hacia la defensa, la seguridad y la tradición. La creatividad, en cambio, se dirigió hacia un sentido hedonista. La generación nacida en este período mantiene un fuerte vínculo con el pasado, caracterizándose por un tradicionalismo sentimental.

De 1938 a 1957, con Plutón en Leo, se hicieron evidentes la voluntad de poder, el individualismo y una energía vital autoritaria y eufórica, incluso con matices destructivos. Los nacidos en esta época destacan por su audacia, confianza en sí mismos y aversión a las restricciones y normas.

El tránsito de Plutón por Virgo (1957-1971) trajo consigo una orientación más cauta y disciplinada, con énfasis en la optimización de recursos técnicos y productivos. Esta generación, más conservadora y menos propensa al riesgo, ha mostrado un especial interés por el medioambiente y la ecología.

De 1971 a 1984, el paso de Plutón por Libra marcó un período de revisión crítica del pasado, con miras a una evolución social futura. La generación nacida bajo esta influencia tiende a limitar los impulsos individualistas y a enfocarse en la justicia y la verdad con rigor inquebrantable.

Entre 1984 y 1995, Plutón en Escorpio alcanzó su máxima intensidad, generando transformaciones profundas, tensiones e innovaciones, pero también sacando a la luz problemas latentes. La generación de este período es especialmente determinada en sus objetivos, combativa y con una fuerte necesidad de cambio, que asume a menudo la forma de una lucha por la supervivencia.

Por su parte, quienes nacieron entre 1996 y 2008, bajo Plutón en Sagitario, poseen un espíritu libre y justiciero, exigiendo la materialización de sus deseos a corto plazo. Es una generación

influenciada por la globalización y los regionalismos, que se cuestiona aspectos fundamentales de la vida, los valores y la fraternidad.

La Astrología Mundial

Predecir eventos mundiales a partir de los tránsitos astrales es una tarea compleja y delicada. Aunque es difícil trasladar directamente las configuraciones celestes a acontecimientos históricos y políticos concretos, es innegable que la disposición de los astros influye en la mentalidad colectiva, las costumbres y el desarrollo histórico de las sociedades.

En las últimas décadas, la acumulación de planetas en Capricornio—Neptuno, Urano y Saturno (este último entre 1988 y 1995)—ha caracterizado una época en la que los idealismos y las utopías han sido relegados en favor de una visión más pragmática y estructurada. Este período ha privilegiado el orden, la eficiencia y la conservación, aunque con una marcada inclinación hacia valores materiales por encima de los humanitarios.

Eventos astrales clave han acompañado grandes transformaciones globales. La presencia de Plutón en Escorpio puso de manifiesto problemáticas ambientales y energéticas, ya que Escorpio rige los procesos de transformación y eliminación de desechos. Hasta 1995, estos desafíos se acentuaron y, con la entrada de Plutón en Sagitario, adquirieron una dimensión más internacional, en paralelo con cuestiones migratorias, raciales, religiosas y diplomáticas.

Entre 1996 y 1999, Urano y Neptuno ingresaron en Acuario, marcando una aceleración del desarrollo tecnológico y científico, junto con un renovado fervor ideológico y una mayor sensibilidad hacia la humanidad y la solidaridad. Con Urano en Piscis (2003-2009), estas tendencias evolucionaron de maneras diversas, generando tanto grandes avances como confusión en las políticas a seguir. Este tránsito trajo consigo importantes cambios en la medicina y en la asistencia a poblaciones vulnerables.

Si bien no es posible detallar todas las configuraciones astrales significativas en este espacio, es claro que estas influencias han sido determinantes y han moldeado la evolución de nuestro mundo en múltiples niveles.

Tercera parte

LA INTERPRETACIÓN DE LA FICHA ASTROLÓGICA PERSONAL

por *Doris Saltarini*

Las páginas siguientes dan la posibilidad de profundizar en el conoci
miento del propio tema natal: basándonos en los cálculos efectuados
anteriormente se sugiere el significado del ascendente y la influencia
de la Luna. Se analiza también la influencia de Júpiter y Saturno.

Si es Acuario con ascendente ...

Acuario con Ascendente Aries

El ascendente Aries, un signo de fuego, refuerza la energía del signo solar de aire. En esta combinación, la tendencia de Acuario hacia elevados ideales, a menudo difíciles de materializar, recibe el impulso práctico y dinámico de Aries. Este último aporta acción, rapidez y determinación, facilitando que las abstracciones de Acuario se transformen en realidades concretas. El resultado es una personalidad vital y carismática, inclinada hacia la aventura, la exploración y las experiencias novedosas. Sobresale su deseo de independencia y su férrea voluntad de alcanzar sus metas.

Acuario con Ascendente Tauro

El ascendente Tauro, signo de tierra, brinda a Acuario un enfoque más realista y pragmático, dirigiéndolo hacia la estabilidad material y el éxito profesional. La seguridad económica y el confort se vuelven objetivos fundamentales. Sin embargo, esta combinación puede atenuar ciertos rasgos humanitarios y visionarios de Acuario, induciéndolo a actuar con mayor pragmatismo y apego a la realidad. Su capacidad de planificación y persistencia lo convierten en alguien confiable y metódico en la consecución de sus propósitos.

Acuario con Ascendente Géminis

La afinidad entre estos dos signos de aire potencia la versatilidad y la capacidad comunicativa del nativo. Su personalidad es expansiva

y socialmente activa, imponiéndose pocos límites más allá de los que se autoimpone de manera espontánea. La combinación de la inteligencia y lógica de Géminis con la intuición y creatividad de Acuario genera una mente ágil y curiosa. Destacan en él el deseo de libertad, la curiosidad y la habilidad para persuadir con argumentos sólidos y convincentes.

Acuario con Ascendente Cáncer

En esta combinación, los elementos aire y agua generan un carácter complejo, marcado por contrastes y dilemas internos. Este nativo oscila entre el deseo de avanzar y explorar el futuro, y la fuerte nostalgia por el pasado y sus valores tradicionales. Puede ser menos rebelde que un Acuario típico, mostrando inclinación por la vida familiar y el hogar. Su gran sensibilidad le otorga una especial empatía con los demás, haciéndolo un firme defensor de causas sociales y de aquellos que necesitan apoyo.

Acuario con Ascendente Leo

La combinación de estos signos crea una personalidad dinámica y con fuerte presencia. Este nativo es autónomo, a veces autoritario, y difícilmente cambia de opinión una vez que ha tomado una decisión. El ascendente Leo le confiere una necesidad de liderazgo y protagonismo, cualidades que complementan la creatividad e innovación de Acuario. Su carisma y excentricidad lo destacan en cualquier grupo, aunque debe controlar su tendencia al egocentrismo.

Acuario con Ascendente Virgo

Aquí encontramos un Acuario más estructurado y detallista, con una mente analítica y precisa. La influencia de Virgo modera las tendencias utópicas de Acuario, dirigiéndolo hacia metas más alcanzables y prácticas. Esta combinación favorece el desarrollo

de habilidades en investigación, tecnología y áreas que requieren meticulosidad. Puede superar bloqueos emocionales y comunicarse con mayor confianza y calidez, siempre con un espíritu altruista y humanitario.

Acuario con Ascendente Libra

El aire de estos dos signos refuerza el deseo de socialización y el interés por las relaciones interpersonales. Destaca el buen gusto, la diplomacia y la capacidad de persuasión. Este nativo busca el equilibrio y la armonía en su entorno, mostrándose amable y refinado en su trato con los demás. La combinación es una de las más favorables, ya que le permite alcanzar el éxito gracias a su encanto natural y habilidades comunicativas, aunque debe aprender a controlar el estrés y la ansiedad.

Acuario con Ascendente Escorpio

Esta combinación genera una personalidad compleja y enigmática. El nativo tiende a cuestionarlo todo, mostrando un carácter desafiante y tenaz. Sus deseos y metas suelen ser difíciles de alcanzar, lo que puede generarle frustración. Sin embargo, su fuerte voluntad y capacidad de resistencia lo ayudan a sobreponerse. Si logra controlar su impulsividad y tendencia a la polémica, podrá obtener grandes logros personales y profesionales.

Acuario con Ascendente Sagitario

Este nativo es sociable, entusiasta y siempre está en busca de nuevas experiencias. Su espontaneidad y carisma lo convierten en una persona atractiva y estimulante en su entorno. Es idealista y comunicativo, pero también impulsivo y con tendencia a dispersarse en múltiples proyectos sin concluir ninguno. En el amor, su necesidad de aventura puede dificultar la estabilidad emocional.

Acuario con Ascendente Capricornio

Aquí encontramos un Acuario con un fuerte sentido de la responsabilidad y el deber. Se siente motivado por el éxito profesional y material, prefiriendo proyectos concretos y alcanzables a las utopías. Aunque su naturaleza es más conservadora, aún mantiene su visión progresista y su capacidad de innovación. Es trabajador, metódico y disciplinado, aunque puede experimentar conflictos entre su necesidad de libertad y su apego a valores tradicionales.

Acuario con Ascendente Acuario

Esta doble influencia refuerza la independencia, la originalidad y el espíritu progresista del nativo. Es un visionario nato, siempre en búsqueda de conocimientos y avances. Su carácter rebelde lo hace difícil de encasillar dentro de normas o estructuras convencionales. A veces puede ser demasiado idealista o inconstante en sus proyectos, pero su entusiasmo y su compromiso con causas humanitarias lo destacan como un innovador y un líder nato.

Acuario con Ascendente Piscis

El aire de Acuario y el agua de Piscis crean una personalidad muy intuitiva y sensible. Este nativo combina racionalidad con emoción, lo que lo convierte en alguien compasivo y empático. Puede sentirse dividido entre la acción y la contemplación, entre lo real y lo soñado. Su gran imaginación y creatividad le otorgan un fuerte talento artístico, pero también pueden hacer que tienda a la evasión o a la indecisión. Destaca su interés por causas sociales y humanitarias, así como su profundo sentido de la justicia y la igualdad.

Si es Acuario con la Luna en ...

Acuario con la Luna en Aries

Nos encontramos ante una persona emprendedora e impulsiva, que se deja arrastrar por el entusiasmo en grandes proyectos ideales, aunque no siempre realizables. Puede mostrarse a menudo rebelde e indomable en sus propuestas, dotada de cierta testarudez e inconstancia. Disfruta de los viajes y de los contactos con el extranjero, ya sea por trabajo, amor o amistad, y tiene potencial para triunfar en actividades que impliquen relaciones y colaboraciones internacionales.

Su tendencia a los amores a primera vista y a los cambios repentinos en diversos ámbitos de su vida puede llevarla a tomar decisiones apresuradas de las que podría arrepentirse. En un hombre, esta configuración puede indicar el encuentro con una mujer enérgica; en una mujer, sugiere independencia y capacidad de iniciativa.

Acuario con la Luna en Tauro

Esta combinación confiere al nativo decisión y ambición. Le atraen el éxito social y una buena posición financiera. Aunque puede ser un poco terco, suele ser laborioso y tenaz en la consecución de sus objetivos, los cuales tienden a ser concretos y prácticos. A diferencia del carácter típicamente aventurero de Acuario, esta Luna modera su necesidad de cambios constantes, permitiéndole adaptarse a ellos con más serenidad.

Puede sentir inclinación por actividades relacionadas con la expresión artística. En un hombre, indica estabilidad de ideas y sentimientos, vividos con intensidad y sinceridad; en una mujer, sensualidad, magnetismo personal y una fuerte atracción.

Acuario con la Luna en Géminis

Esta combinación otorga una marcada predisposición a involucrarse en diversas actividades e intereses, generando una amplia red de amistades y conocidos. Lo inusual y excéntrico le atrae, ya que es una persona curiosa e indagadora, impulsada por un fuerte deseo de conocer y experimentar.

Podría ser excesivamente crítico, incluso consigo mismo. Es propenso a destacar en áreas como la literatura, el periodismo, la enseñanza o incluso sectores técnicos y científicos. Sin embargo, debe evitar cambios de opinión constantes o actitudes inconstantes e imprevisibles. En un hombre, puede indicar viajes y contactos con el extranjero; en una mujer, cierta indecisión y tendencia a las habladurías.

Acuario con la Luna en Cáncer

Este nativo posee un carácter dulce y sensible, con una gran capacidad para captar los matices en los comportamientos de los demás. La influencia de la Luna suaviza su naturaleza anticonformista y le otorga el deseo de construir un hogar seguro y protector. Puede experimentar un amor por los valores tradicionales que contrasta con la esencia innovadora de Acuario.

Debe evitar perderse en un mundo de fantasía e ilusiones difíciles de materializar. Esta combinación también le confiere un carácter sociable y una sensibilidad especial hacia las necesidades ajenas. En una mujer, puede indicar apoyo y protección familiar; en un hombre, frecuentes cambios de residencia.

Acuario con la Luna en Leo

El carácter de este nativo es generoso y expansivo, con una gran capacidad para realizar gestos altruistas. Sin embargo, espera recibir gratificación y reconocimiento por sus méritos. Es ambicioso y orgulloso, con un fuerte deseo de alcanzar una buena posición social y las habilidades necesarias para lograrlo.

En el amor, tiene altas expectativas y solo considera la fidelidad cuando está profundamente enamorado. Puede idealizar a la persona deseada y experimentar sentimientos intensos. En el ámbito laboral, es seguro de sí mismo y consciente de sus cualidades. En un hombre, indica predisposición para ocupar puestos de liderazgo; en una mujer, astucia para los negocios y habilidad en las especulaciones financieras.

Acuario con la Luna en Virgo

Esta combinación revela una mente precisa y organizada, con un fuerte sentido del deber. Es un nativo metódico y responsable en su trabajo, aunque puede carecer de creatividad e intuición. Su inteligencia y equilibrio le ayudan a simplificar problemas propios y ajenos.

Como amigo, es confiable y sincero, aunque no siempre demuestra su afecto con calidez. En el amor, busca una relación basada en la amistad y el entendimiento intelectual. No es muy pasional, por lo que su pareja deberá estimular ese aspecto o adaptarse a su carácter. En un hombre, puede indicar buenas ganancias; en una mujer, habilidades prácticas destacadas.

Acuario con la Luna en Libra

Persona sociable y carismática, con facilidad para crear una red de relaciones personales y profesionales. Inteligente y comunicativo, posee múltiples habilidades para realizar grandes proyectos y alcanzar sus metas. Es un excelente colaborador, con una gran capacidad de diplomacia y mediación.

En las relaciones sentimentales, es atento y amable, aunque valora mucho su independencia y el respeto mutuo. En una mujer, se caracteriza por su encanto, refinamiento y gusto por la elegancia; en un hombre, tiende a construir relaciones sólidas y sinceras.

Acuario con la Luna en Escorpio

La impulsividad y el nerviosismo pueden ser fuente de conflictos en la vida de este nativo. Posee una fuerte pasión y obstinación, lo que lo lleva a provocar discusiones y a tener dificultades para reconocer sus errores. En el ámbito laboral, su carácter dominante e intransigente le impide pasar desapercibido.

A pesar de su actitud a veces brusca, tiene un gran magnetismo y dotes intelectuales e intuitivas. Si está convencido de algo, perseguirá su objetivo hasta las últimas consecuencias. En un hombre, se reflejan una voluntad férrea y dificultades para admitir sus limitaciones; en una mujer, un carácter fuerte y una lengua afilada.

Acuario con la Luna en Sagitario

Esta combinación otorga una personalidad sociable, brillante y entusiasta. Se trata de un individuo carismático, capaz de organizar eventos divertidos y comprometer a los demás en planes extravagantes.

Lleno de creatividad y fantasía, tiene muchas posibilidades de éxito en trabajos que requieren originalidad y talento. Le atraen los viajes y el contacto con culturas extranjeras. En el amor, tiene una visión libre y moderna, lo que puede afectar su fidelidad. En una mujer, se refleja en una personalidad emancipada y excéntrica; en un hombre, en inconstancia y exuberancia.

Acuario con la Luna en Capricornio

El éxito profesional es una de sus principales aspiraciones. Sin una realización satisfactoria en este ámbito, se siente frustrado y desmotivado. Es constante y resistente en su trabajo, asumiendo responsabilidades con seriedad.

No se deja llevar por sentimentalismos, ya que es realista y poco atento a los pequeños detalles emocionales en una relación. En cambio, destaca por su prudencia y previsión. En un hombre, indica capacidad de reflexión y análisis; en una mujer, cierta timidez y dificultad para expresar sus sentimientos.

Acuario con la Luna en Acuario

Este nativo busca expandir su conocimiento y se interesa por diversos temas de meditación y humanismo. Prefiere las relaciones de amistad y colaboración a las parejas cerradas y exclusivas. No es un individuo pasional y prioriza el entendimiento intelectual sobre la atracción física.

Se distingue por su excentricidad e ideas innovadoras. En un hombre, puede indicar inestabilidad y tendencia a vivir en mundos de fantasía; en una mujer, sociabilidad y pensamiento vanguardista.

Acuario con la Luna en Piscis

Esta configuración otorga talento artístico, sensibilidad y amor por las artes, en especial la música. Es una persona romántica que necesita expresar su sensibilidad en el amor o en una profesión con ideales elevados.

Puede enfrentar dificultades debido a su inconstancia y cambios de humor. En un hombre, indica generosidad y disposición para ayudar a los más vulnerables; en una mujer, imaginación, encanto y magnetismo personal.

Si es Acuario con Júpiter en...

Acuario con Júpiter en Aries

Este nativo posee un espíritu independiente y enérgico, preparado para trabajar con determinación y alcanzar sus objetivos. Es emprendedor y decidido, aunque a menudo puede ser impulsivo. Suele lograr posiciones envidiables y de prestigio, además de recibir gratificaciones económicas considerables. Tiene un instinto notable para los negocios y las inversiones, sabiendo identificar el momento oportuno para arriesgarlo todo. Se siente atraído por una vida activa y dinámica, sin demasiado tiempo para reflexiones existenciales. Generalmente es sincero y valora la espontaneidad. En un hombre, esta configuración puede indicar liderazgo; en una mujer, éxito financiero.

Acuario con Júpiter en Tauro

Es una de las mejores configuraciones en términos de estabilidad económica, indicando fortuna a través de legados y negocios de alto rendimiento. El éxito social y profesional está casi siempre garantizado. A nivel personal, aporta un temperamento amable, sociable y con un considerable atractivo. Se trata de una persona carismática que suele dejar huella en los demás. El hombre con esta posición es generoso y altruista, mientras que la mujer es apasionada, sensual e inteligente.

Acuario con Júpiter en Géminis

Favorece los viajes y la diversidad en las relaciones sociales. Este nativo se adapta con facilidad a distintos entornos y personas, transmitiendo buen humor e inteligencia. Su capacidad intelectual es destacable, lo que le permite alcanzar posiciones de prestigio. Los sectores más propicios para su desarrollo son los relacionados con el comercio y la comunicación. Para los hombres, esta configuración ofrece oportunidades en el extranjero; para las mujeres, talento para los negocios y habilidades comunicativas.

Acuario con Júpiter en Cáncer

Este nativo tiene un fuerte apego a la familia y los valores tradicionales, lo que podría retrasar su independencia. Sin embargo, su economía se ve favorecida, con entradas estables y gratificantes. Su sensibilidad, intuición y capacidad de mediación le permiten alcanzar grandes objetivos. Para las mujeres, esta posición indica apoyo y suerte a través de la familia; para los hombres, reconocimiento en la madurez.

Acuario con Júpiter en Leo

Este nativo es ambicioso y consciente de su valía, con dotes de liderazgo que le permiten guiar a otros al éxito. Le fascinan los honores y el reconocimiento social, aunque su comportamiento está basado en la generosidad y la comprensión. Es un excelente organizador, con capacidad para planificar con eficiencia. En un hombre, esta configuración indica inteligencia y distinción; en una mujer, atracción por los juegos de azar y la especulación.

Acuario con Júpiter en Virgo

Se trata de una personalidad equilibrada y metódica, que trabaja con paciencia para alcanzar sus metas. Reflexivo y objetivo, prefiere

analizar antes de actuar, mostrando coherencia en su vida profesional y personal. Aunque no destaca por su creatividad, consigue reconocimiento y estabilidad. En un hombre, esta posición sugiere discreción y prudencia; en una mujer, sentido práctico.

Acuario con Júpiter en Libra

Este nativo triunfa en actividades que implican colaboración y asociaciones. Su carisma y modales refinados lo hacen destacar en el arte, el espectáculo y las relaciones públicas. Júpiter en Libra es signo de éxito social, especialmente en ambientes influyentes. En un hombre, augura fortuna en asociaciones; en una mujer, en el matrimonio.

Acuario con Júpiter en Escorpio

Persona hábil en cualquier situación, con gran capacidad para resolver problemas complejos. Aunque busca reconocimiento, puede mostrarse soberbio y exigente con los demás. No suele ceder en negociaciones, pero tiene talento para profesiones de riesgo y alta responsabilidad. En un hombre, indica independencia profesional; en una mujer, encanto y gran poder de persuasión.

Acuario con Júpiter en Sagitario

Este nativo es jovial, honesto y carismático, con un fuerte idealismo. Sus intereses suelen inclinarse hacia la filosofía, la enseñanza y la teología. La configuración le otorga prestigio y oportunidades excepcionales. En un hombre, indica afectuosidad y sentido de justicia; en una mujer, viajes y mudanzas frecuentes.

Acuario con Júpiter en Capricornio

Puede manifestar rasgos de autoridad excesiva e intransigencia. Su orden, disciplina y paciencia le permiten obtener resultados

profesionales, aunque sin grandes sobresaltos. En el amor, tiende a ser reservado y distante. En un hombre, denota una actitud dominante; en una mujer, tendencia a la soledad.

Acuario con Júpiter en Acuario

Sociable y expansivo, conquista fácilmente la simpatía de los demás. Su optimismo y carácter innovador lo hacen un excelente compañero. Se interesa por la ciencia, la tecnología y las tendencias de vanguardia. En un hombre, esta posición indica un espíritu humanitario y vocación científica; en una mujer, emancipación y éxito profesional.

Acuario con Júpiter en Piscis

Posee una intuición excepcional, guiándose más por la emoción que por la razón. Valora las relaciones humanas por encima del estatus profesional. Su carácter sensible le permite cultivar amistades sinceras y expresar sus ideales espirituales. En un hombre, sugiere interés por la medicina y el esoterismo; en una mujer, habilidades intuitivas y clarividencia.

Si es Acuario con Saturno en...

Acuario con Saturno en Aries

Esta configuración otorga un espíritu emprendedor y un deseo vehemente de alcanzar metas rápidamente, lo que puede llevar a la impaciencia y al riesgo de perder oportunidades valiosas. Aunque el sujeto es serio y ambicioso, suele carecer de paciencia y reflexión. Posee dotes de liderazgo, pero debe controlar su tendencia a la imposición para evitar actitudes despóticas. Su naturaleza es algo fría y poco comunicativa, lo que lo lleva a perseguir sus objetivos con cierta testarudez y espíritu de contradicción. En los hombres, puede señalar ambiciones políticas; en las mujeres, éxito destacado en la segunda mitad de la vida.

Acuario con Saturno en Tauro

Carácter obstinado y resistente a los cambios, con dificultad para ceder o comprometerse. Este nativo tiene una gran capacidad de éxito gracias a su perseverancia, paciencia y firmeza en la toma de decisiones. Es amante del bienestar y los placeres materiales, por lo que busca la estabilidad y las condiciones necesarias para su comodidad. No se siente atraído por la aventura, prefiriendo una vida ordenada y segura. En hombres, denota tendencia al ahorro y sensualidad; en mujeres, una personalidad estable y una clara orientación hacia sus objetivos de vida.

Acuario con Saturno en Géminis

Existe el riesgo de dispersar energías en demasiadas actividades. Este nativo posee una inteligencia destacada, con inclinación hacia la matemática, la ciencia y la investigación. La vitalidad y extroversión de Acuario se ven moderadas por la influencia de Saturno, generando una personalidad prudente, discreta y reservada. Tiende a sobresalir en profesiones editoriales y de imprenta. En los hombres, indica una búsqueda incesante de independencia; en las mujeres, un anticonformismo equilibrado alcanzado con prudencia y reflexión.

Acuario con Saturno en Cáncer

Denota apego a los valores tradicionales y dificultades para desprenderse de la influencia familiar. Puede haber una tendencia a la introspección excesiva, inseguridad y conflictos emocionales. Prefiere evitar grandes responsabilidades o compromisos laborales que exijan trabajo constante. Su relación con el mundo está guiada por la percepción y la emoción, más que por el razonamiento lógico. En hombres, esta configuración puede llevar a la nostalgia y el pesimismo; en mujeres, se manifiesta en una fuerte sensualidad y la necesidad de apoyo práctico y emocional.

Acuario con Saturno en Leo

Esta combinación impulsa un gran deseo de alcanzar posiciones de prestigio y poder. Se trata de una persona segura de sí misma, con gran orgullo y confianza en sus capacidades. No teme enfrentar desafíos, pero debe evitar caer en la rigidez y el despotismo, ya que estos rasgos pueden obstaculizar su ascenso al éxito. Si logra equilibrar su carácter, podrá alcanzar satisfacciones tanto en el ámbito laboral como en el personal. En los hombres, se refleja una falta de autocrítica; en las mujeres, coraje y ambición hacia metas bien definidas.

Acuario con Saturno en Virgo

Esta configuración da lugar a un carácter reservado, con dificultades para expresar deseos y sentimientos. Su comportamiento tiende a ser controlado y poco comunicativo, basado en esquemas mentales muy estructurados. En el ámbito laboral, se destaca por su precisión y meticulosidad, con una inteligencia práctica orientada a logros tangibles. En los hombres, indica disposición para el trabajo físico e intelectual; en las mujeres, una gran capacidad para dirigir su vida con seguridad.

Acuario con Saturno en Libra

El nativo con esta combinación es diplomático, con una gran habilidad dialéctica y presencia refinada. Sabe moverse en ambientes prestigiosos y suele alcanzar sus objetivos con astucia y cortesía, obteniendo apoyo de quienes lo rodean. Sin embargo, puede ser poco indulgente y racional en sus relaciones personales. En la vida privada, tiende a la indecisión y a la búsqueda constante de equilibrio. En los hombres, resalta la lucidez mental y el sentido de la justicia; en las mujeres, el logro tardío de estabilidad sentimental.

Acuario con Saturno en Escorpio

Personalidad fuerte, decidida y guiada tanto por la razón como por la intuición y la impulsividad. Posee una gran capacidad para evaluar situaciones con prudencia, aunque puede ser testarudo y obstinado en sus convicciones. Internamente, alberga inquietudes profundas que oculta con destreza. En los hombres, puede indicar tendencias autodestructivas a pesar de las oportunidades de éxito; en las mujeres, un interés por lo oculto y lo esotérico.

Acuario con Saturno en Sagitario

Esta combinación dota de gran capacidad intelectual y aspiraciones filosóficas. El nativo se siente atraído por el conocimiento profundo y disfruta del intercambio de ideas, aunque puede ser selectivo en sus relaciones. Suele formar parte de círculos culturales y académicos, donde encuentra afinidad con sus intereses. Afronta la vida con independencia y coraje, sin dejarse desanimar por los obstáculos. En los hombres, puede indicar colaboración con el extranjero; en las mujeres, viajes y contacto con culturas foráneas.

Acuario con Saturno en Capricornio

Carácter reservado e introvertido, con una marcada seriedad y compromiso con la vida. Posee un fuerte sentido del deber y tiende a ser escéptico ante el sentimentalismo, priorizando el trabajo y la responsabilidad. Si estas cualidades no se llevan al extremo, conducen al éxito profesional y a logros prácticos. En el amor, valora más la compatibilidad mental que la atracción física. En los hombres, denota tendencia a la soledad; en las mujeres, estabilidad e independencia.

Acuario con Saturno en Acuario

Personalidad original, sociable y con un marcado sentido de independencia. Disfruta explorando nuevos mundos e ideas, sintiéndose atraído por culturas diversas y perspectivas innovadoras. No tolera restricciones ni ataduras, y su anticonformismo lo lleva a desafiar convenciones establecidas. En los hombres, favorece el contacto con personas influyentes en el ámbito cultural y científico; en las mujeres, fortalece la astucia y la autonomía.

Acuario con Saturno en Piscis

Dotado de una gran intuición y sexto sentido, pero propenso a la indecisión e inconstancia. Saturno en Piscis potencia la imaginación y la capacidad de conectar con lo místico y lo espiritual. Sin embargo, también otorga dotes lógicas y racionales que pueden llevar a resultados prácticos si se cultivan adecuadamente. Existe una tendencia a la autocompasión y al aislamiento, por lo que el sujeto debe procurar equilibrar su naturaleza introspectiva. En los hombres, esta combinación indica una sabia mezcla de intuición y razón; en las mujeres, una predisposición al aislamiento y la introspección.

Cuarta parte

LAS PREVISIONES PARA ACUARIO

Las vibraciones anuales, mensuales y diarias

Las nueve energías numéricas en rotación complementan las previsiones astrológicas, actuando de forma sucesiva sobre los signos y modulando la manera en que se expresan. Estas influencias, determinadas por el calendario, pueden ayudarnos a comprender mejor los ciclos que atravesamos y a responder de manera más consciente a los desafíos y oportunidades que se presentan.

Cada número ejerce su influencia sobre nuestro signo durante un tiempo determinado, manifestándose tanto en el plano externo como en el interno. Sin embargo, la forma en que cada persona canaliza esta energía dependerá de su actitud y decisiones. Las vibraciones numéricas son valiosas guías: prestarles atención puede brindarnos apoyo y orientación, ayudándonos a sortear momentos difíciles o fases astrológicas desfavorables.

Cuando las circunstancias son favorables, ignorar o contradecir estas energías puede hacer que afloren sus aspectos desafiantes, obstaculizando nuestras oportunidades de éxito. Es fundamental recordar que estamos siempre bajo la influencia simultánea de tres vibraciones:

- La vibración **anual** marca la tendencia general del año.
- La vibración **mensual** se ajusta a la anual y tiene especial incidencia en la casa astrológica predominante en ese período.
- La vibración **diaria** está influida por la mensual y puede detallarse aún más observando el recorrido de la Luna cada día.

Dado que estas energías están ligadas al calendario, es importante tener en cuenta ciertos momentos de transición:

- A partir de **octubre**, comienzan a percibirse indicios de la vibración anual siguiente.
- Desde el **día 27 de cada mes**, se produce un período de influencias mixtas hasta el inicio del mes siguiente.

- A partir de las **22:00 h**, estas transiciones también se manifiestan en los procesos internos, afectando especialmente el plano emocional y subconsciente.

Comprender y respetar estas vibraciones nos permite alinearnos con los ritmos del universo, maximizando nuestro bienestar y potenciando nuestras posibilidades de éxito.

Cómo hallar la vibración anual, mensual y diaria para cada signo del zodiaco

TABLA 1

Signo	Vibración anual		Signo	Vibración anual	
	2024	**2025**		**2024**	**2025**
Aries	1	2	Libra	7	8
Tauro	2	3	Escorpio	8	9
Géminis	3	4	Sagitario	9	1
Cáncer	4	5	Capricornio	1	2
Leo	5	6	Acuario	2	3
Virgo	6	7	Piscis	3	4

TABLA 2

Enero	1	Mayo	5	Septiembre	9
Febrero	2	Junio	6	Octubre	1
Marzo	3	Julio	7	Noviembre	2
Abril	4	Agosto	8	Diciembre	3

Para determinar la vibración mensual de cualquiera de los 12 signos, se debe sumar el número correspondiente en la tabla 1 al número del mes en cuestión, según la tabla 2.

Ejemplo: Para Tauro en mayo de 2025: 2 (vibración anual de 2025) + 5 (mayo) = 7 (vibración mensual).

Para calcular la vibración diaria de cualquier día del mes, se suma la vibración mensual al número del día en cuestión.

Ejemplo: Para el 22 de mayo de 2025: 7 (vibración mensual de mayo 2025) + 4 (22: 2 + 2) = 11   (1 + 1) = 2 (vibración diaria).

Resumen: Todos los Tauro, el 22 de mayo de 2025, estarán bajo una vibración anual 2, mensual 7 y diaria 2.

Vibraciones Anuales

- **Vibración anual 1**: Dinámica e innovadora, estimula el cambio y la transformación personal. Exigirá tomar grandes decisiones, ya sea de forma abrupta o progresiva. Febrero y noviembre traerán resoluciones favorables, mientras que en octubre será clave mantener contactos importantes.
- **Vibración anual 2**: Representa la unión y la cooperación. Puede ofrecer oportunidades a los solteros o fortalecer vínculos. Marzo traerá una nueva visión emocional. Enero, febrero, octubre y noviembre serán exigentes en el ámbito familiar, y diciembre será un mes de intensa vida social.
- **Vibración anual 3**: Impulsa la vida social y la creatividad, pero también puede generar dispersión y altibajos emocionales. Desde febrero exigirá adoptar estrategias concretas. Junio traerá cambios en los intereses, y en octubre se perderá interés por ciertos asuntos que antes parecían esenciales.
- **Vibración anual 4**: La paciencia será clave para progresar en el trabajo y en el ámbito material. Es un año ideal para valorar las pequeñas cosas. Marzo, abril y diciembre favorecerán mejoras en el hogar y la familia. En junio, una mayor claridad mental ayudará a resolver situaciones estancadas.
- **Vibración anual 5**: Invita a explorar nuevas habilidades y métodos. Febrero y junio estarán marcados por la vida social y sorpresas inesperadas. Julio y agosto podrían traer tensiones en relaciones establecidas. Agosto será propicio para trabajos de verano.
- **Vibración anual 6**: Favorece la introspección y la reorganización personal. Se recomienda hacer balance al inicio del año y periódicamente. Febrero-marzo y noviembre-diciembre traerán mejoras en las condiciones existentes. En junio, surgirán ideas clave para tomar decisiones acertadas.

- **Vibración anual 7**: Somete a prueba las certezas y seguridades internas. Se deben evitar interferencias externas. El autoanálisis, la especialización o el reciclaje profesional pueden ser muy beneficiosos. Enero y febrero estarán marcados por asuntos familiares. El último trimestre traerá estabilidad.
- **Vibración anual 8**: Un año de exigencia y ambición, que impulsará la consecución de metas concretas con disciplina y ética. Las figuras de autoridad serán clave. En mayo y junio, será necesario tomar decisiones importantes. Septiembre podría traer tensiones y preocupaciones por el futuro.
- **Vibración anual 9**: Propone una gran revisión personal y la superación de esquemas obsoletos. Es un año de cierre y aprendizaje. Puede haber alejamientos o cambios inesperados. En los 40 días previos al cumpleaños, la influencia será más fuerte. Marzo y abril requerirán atención en múltiples frentes.

Vibraciones Mensuales

- **Vibración mensual 1**: Un mes de visibilidad y nuevas oportunidades. Será ideal para promocionarse y buscar apoyo. En el aspecto negativo, puede haber intromisiones o situaciones que requieran respuestas rápidas.
- **Vibración mensual 2**: Se requerirá cooperación y sensibilidad. Puede despertar el interés por alguien o algo nuevo. Sin embargo, es posible que los deseos no sean correspondidos o que cueste adaptarse al entorno.
- **Vibración mensual 3**: Un mes social y activo, con oportunidades para expresarse. Es importante no dispersarse ni confiar demasiado en la suerte.
- **Vibración mensual 4**: Demandará más esfuerzo en lo que no sea habitual. Se favorecerá la oferta de servicios, aunque algunos asuntos podrían requerir paciencia y ajustes. Es un buen momento para mejorar habilidades.
- **Vibración mensual 5**: Un mes dinámico, con cambios inesperados. Será positivo abrirse a nuevas experiencias y promoción personal, pero conviene mantener un criterio selectivo.

- **Vibración mensual 6**: La familia y las relaciones personales cobrarán protagonismo. Puede ser un mes de obligaciones y favores mutuos. También puede traer algunos disgustos o conflictos emocionales.
- **Vibración mensual 7**: Un mes para la reflexión y el análisis. A mitad de mes podrían aclararse dudas. Sin embargo, se debe evitar la sensación de incomprensión o la tendencia a exagerar problemas internos.
- **Vibración mensual 8**: Regido por la justicia retributiva, este mes traerá oportunidades para concretar planes. Será importante actuar con seguridad y medir las consecuencias de cada acción. Puede haber momentos de tensión o pérdidas.
- **Vibración mensual 9**: Es el cierre de un ciclo. Se evaluarán acciones pasadas y se buscará mejorar. También pueden surgir asuntos pendientes o contactos con personas lejanas. Será un buen momento para la introspección y la conclusión de etapas.

Las Vibraciones Diarias

- **Vibración diaria 1**: Marca tanto los días en los que nos tomamos tiempo para nosotros mismos como aquellos en los que nos vemos más emprendedores e innovadores en lo que nos toca hacer. El reposo físico o mental no está asegurado.
- **Vibración diaria 2**: Como es habitual con el 2, siempre estaremos más pendientes de los demás o de nuestro pasado. Nuestra subjetividad es mayor: procuremos analizar y cotejar, no ser nuestros propios enemigos. Se producirán cambios de humor que pueden incidir en el rendimiento.
- **Vibración diaria 3**: No habrá una gran disposición a lo rutinario o a lo que resulta contrariante. Si podemos zafarnos, aunque sea un poco, la vida nos parecerá más llevadera. En caso contrario, podemos sentirnos resentidos o amargados.
- **Vibración diaria 4**: Podemos aprovechar esta práctica vibración para poner un poco de orden interior, para repasar lo pendiente o lo que en los días posteriores necesitamos tener a punto. Si el día es muy pasivo, nos limitaremos a hacer lo que podamos sin ira ni remordimientos.

- **Vibración diaria 5**: Se trata de un día en el que, de una manera o de otra, siempre tendremos algo que aprender. Procuraremos estar localizables por las novedades o cambios que puede traer esta vibración. Normalmente, no es un día que suele resultar tal y como se pensó que fuese.

- **Vibración diaria 6**: Son días en los que procuraremos cooperar para que cooperen con nosotros sin tratar por eso de entrometernos demasiado en la vida de los demás ni permitir que lo hagan en la nuestra. Afectividad y capacidad de transmitir.

- **Vibración diaria 7**: Este número mágico tiene un efecto esclarecedor y terapéutico si nos abrimos a los misterios de nuestra mente. Puede haber sorpresas o curiosas coincidencias, pero resultará peligroso bajar la guardia en los asuntos rutinarios. Inclinación al bajo rendimiento físico.

- **Vibración diaria 8**: Todos los actos son importantes, por pequeños que algunos nos parezcan. De llevarlos a cabo bien, estaremos encaminados a conseguir todo aquello que queremos lograr. En algunos días marcados por esta vibración se pueden producir contrariedades debidas al factor tiempo.

- **Vibración diaria 9**: Situaciones latentes pueden manifestarse, en el lugar y con la persona que menos esperemos. Al ser un número variopinto, puede que la vida nos traiga un poco de todo. Si se da el caso, debemos cuidar cómo reaccionamos bajo una fuerte presión emotiva.

Previsiones para el signo Acuario en el año 2025

Tendencias Generales: Un Año Característico

Durante la primera mitad del año, los Acuario tendrán a Saturno en la Casa 7 en mal ángulo con Neptuno; pero, a diferencia del año anterior, en el 2025 estará bien con Júpiter, a su vez en buen ángulo con Acuario en la estratégica Casa 11 de los ambientes en que circulan. Esto significará la aparición de múltiples soluciones, propias o de otras personas, para situaciones un tanto peculiares.

Será un año en el que los Acuario deberán actuar y tomar la iniciativa, lo cual les traerá muchos cambios y modificaciones en sus vidas. Invierno y septiembre serán los momentos más desafiantes. Sin embargo, para muchos Acuario significará la culminación de un gran esfuerzo, aunque algunos sueños se desvanezcan por el camino.

Los nacidos en los últimos días del signo permanecerán bajo el amparo de Plutón, aunque lentamente notarán su paso hacia la Casa 12. La entrada de Saturno en Virgo en la Casa 12, del 1 al 10 de septiembre, provocará la aparición de beneficios personales y familiares. Será un buen momento para reflexionar y decidir qué se quiere de la vida.

Por la anualidad, los nacidos en enero tendrán a Mercurio, regente de las Casas 5 y 8, en Acuario, mientras que el resto lo tendrá en Piscis. Los nacidos en los últimos días sentirán el influjo negativo del encuentro de Mercurio y la oposición Neptuno-Saturno, incómoda por naturaleza para los Acuario. Muchos experimentarán un deseo de incomunicación e incomprensión.

Piscis no influirá tan negativamente en el resto de los Acuario, aunque seguirá marcado por el mal ángulo de Saturno con el regente del signo. Los mejores momentos del año serán:

- Del 11 al 29 de mayo para poner las cosas al día.
- Del 19 de agosto al 5 de septiembre para resolver el paso de Saturno por Acuario, lo que para muchos significará salir de números rojos.
- Noviembre, ideal para asuntos de negocios.

La Vibración Anual: El Signo de los Imprevistos

El 2025 da el 9, lo que hará que todos los signos vuelvan a encontrar sus números naturales. Para los Acuario serán el 11 y el 20. El número 11 incrementará su inclinación natural a estar abiertos a lo inesperado y salir airosos de todas las situaciones. A lo largo del año habrá momentos negativos que sabrán resolver con prontitud y eficacia.

Cuidado con febrero: la vibración mensual 22 se hará notar rápidamente, requiriendo reacciones inmediatas. El exceso de confianza, incluso en uno mismo, no será buen consejero.

El número 20 afectará más a los temas emocionales y sentimentales, menos a los relacionados con el trabajo y amistades.

Trabajo y Economía: A Pesar de Todo, Progreso

Los dos regentes de la Casa 2, Júpiter y Neptuno, harán buenos ángulos en marzo, octubre y noviembre, ayudados por la buena relación entre Júpiter y Saturno. La irregularidad predominará durante todo el año y algunas limitaciones se impondrán por sí solas.

Las colaboraciones laborales no siempre resultarán exitosas, por lo que será vital seleccionar bien al personal. Los eclipses traerán problemas laborales, aunque algunos serán para bien, pese a que inicialmente no lo parezca. La economía familiar se resentirá, pero luego se recuperará con beneficios.

Los Acuario más expuestos a plazos, horarios y presupuestos (autónomos, trabajadores de fábricas, repartidores) estarán más afectados, así como aquellos que dependan de personas con mucho poder.

La presencia de Marte en la Casa 6 durante el último trimestre del año generará un cambio de actitud positivo, aportando estabilidad y beneficios.

Vida Amorosa: Con el Sexo Hemos Topado

Los problemas del año enturbiarán un poco las relaciones personales. Los nacidos en los primeros días del signo tendrán a Venus en Acuario; los del 20-25 recibirán el mal ángulo de Saturno. Los del 26-27 estarán en buen ángulo con Plutón, lo que favorecerá nuevos contactos en diciembre.

La lunación en la Casa 5 el 15 de junio provocará una necesidad imperiosa de encontrar pareja. Sin embargo, algunos intentos quedarán frustrados.

La entrada de Saturno en la Casa 8 generará preocupación sobre el sexo durante el otoño. Los Acuario, con su característica búsqueda de verdad en el amor, enfrentarán la decisión de explorar nuevas experiencias o fortalecer su relación de pareja.

Hogar y Familia: Saturno Pasa Cuentas

Saturno en la Casa 7 del matrimonio condicionará la vida familiar. Para los nacidos en la segunda parte del signo, los problemas serán más puntuales.

Júpiter en la Casa 11 indicará apoyo familiar y de amigos. Agosto será un mes clave. Marte en la Casa 6 en los últimos meses traerá visitas inesperadas y posibles intromisiones de la familia política.

El eclipse de septiembre será un buen momento para revisar la economía familiar y abrir posibilidades de prosperar.

Salud: Apariencia Saludable, Pero...

El eje de la salud, Casas 12 y 6, estará medianamente activo. La presencia de Júpiter en la Casa 12 durante todo el año incitará a los Acuario a tomarse unas pequeñas vacaciones para desconectar y descansar; será fundamental escuchar al cuerpo y obedecerle cuando se muestre excesivamente agotado.

El año 2018 será bueno para mejorar las dolencias típicas de la Casa 12 y de los Acuario: problemas óseos, especialmente en las piernas, dolencias provocadas por las malas posturas y malestares

crónicos. La presencia de Saturno en Virgo en la Casa 8 ayudará a solventar dichos males.

Saturno también ayudará a todos aquellos Acuario que deseen o deban empezar una dieta y hacer ejercicio de forma regular.

El eclipse de febrero en Acuario junto con Neptuno indicará que los nativos del signo deberán estar atentos a su sistema circulatorio y a un posible descenso de las defensas.

La oposición de Marte desde Leo afectará negativamente en la salud de los Acuario del 10 de mayo al 1 de julio, especialmente del 21 al 23 de junio, que será cuando Marte estará opuesto a Neptuno. Esta conjunción planetaria podrá destapar una enfermedad que requerirá atenciones durante bastante tiempo.

Del 11 al 18 de diciembre, Marte afectará en la vitalidad de los Acuario, que se sentirán muy cansados y notarán molestias en las piernas.

A pesar de estos inconvenientes, la presencia de Saturno en la Casa 8 durante prácticamente todo el año ayudará a los Acuario a resolver todos los problemas, tanto físicos como psicológicos.

Lunaciones y entrada del Sol en los signos en el año 2025 para Acuario

	Luna nueva	Luna llena
C. 12		3/1 12 Cáncer
	19/1 28 Capricornio	
C. 1	20/1 Sol en Acuario	2/2 13 Leo
	17/2 28 Acuario	
C. 2	19/2 Sol en Piscis	4/3 13 Virgo (Eclipse total)
	19/3 28 Piscis (Eclipse total)	

	Luna nueva	Luna llena
C. 3	21/3 Sol en Aries	
	17/ 4 27 Aries	2/4 12 Libra
C. 4	20/4 Sol en Tauro	
	16/5 25 Tauro	2/5 11 Escorpio
C. 5	21/5 Sol en Géminis	
	15/6 23 Géminis	1/6 10 Sagitario
C. 6	21/6 Sol en Cáncer	
	19/7 21 Cáncer	30/6 8 Capricornio
C. 7	23/7 Sol en Leo	
	13/8 19 Leo	30/7 6 Acuario
C. 8	23/8 Sol en Virgo	
	11/9 18 Virgo (Eclipse parcial)	28/8 4 Piscis (Eclipse total)
C. 9	23/9 Sol en Libra	
	11/10 17 Libra	26/9 3 Aries
C. 10	23/10 Sol en Escorpio	
	10/11 17 Escorpio	26/10 2 Tauro
C. 11	22/11 Sol en Sagitario	
	9/12 17 Sagitario	24/11 1 Géminis
C. 12	22/12 Sol en Capricornio	
		29/12 1 Cáncer

Pronóstico general hasta el año 2025

Con el 2025 avanzamos ya de lleno en un siglo fascinante. A medida que transcurren las décadas, sentimos que nos acercamos a la tan anhelada era de Acuario en muchos aspectos. Sin embargo, esta transición no se completará hasta el próximo siglo, el XXII. Solo entonces podremos dar por concluida la era anterior, que se ha extendido por más de 2.000 años, y cuya clausura definitiva será un acontecimiento de alcance mundial, marcando una nueva forma de espiritualidad.

No es novedad afirmar que los cambios más relevantes de estos años provendrán de los avances en los medios de comunicación y el transporte. La "sociedad de la información" ha alcanzado una madurez innegable y continúa siendo el eje de toda transformación, estableciendo el marco para cualquier otra definición del mundo contemporáneo. En términos astrológicos, el maxiciclo Neptuno-Plutón, que ha impulsado grandes procesos civilizatorios desde el Renacimiento, se prolongará ahora durante milenios en Géminis, signo que imprime su carácter a otros ciclos planetarios que los astrólogos han utilizado tradicionalmente para interpretar la historia.

La esperanza de viajar más allá de nuestro planeta azul es ahora prácticamente una certeza. Las motivaciones de estas expediciones serán diversas, pues, a pesar de los mitos y paradigmas de unidad y fraternidad mundial que han marcado estos últimos tiempos, el corazón humano no cambia. Sin embargo, el ser humano se verá obligado a adaptar su comportamiento y su visión de la existencia a un entorno estelar repleto de enigmas. El siguiente paso será hacer lo mismo con la Tierra en su conjunto. Al examinar la historia, parece evidente que todo conduce a esta globalización definitiva. La noción de entorno cambia: si bien no podremos dominarlo completamente, resulta tentador asumirlo como un desafío. La síntesis de los medios de comunicación alcanzará niveles inauditos: la totalidad del conocimiento

humano será accesible desde dispositivos personales, siempre al alcance de la mano. No obstante, este avance también acentuará el individualismo, haciendo del hombre un ser más solitario, aunque aún vinculado a la comunidad. En este contexto, la familia y las relaciones de pareja podrán evolucionar en dos direcciones opuestas: o bien se reforzarán, o bien perderán su relevancia.

Para que la curiosidad de Géminis —asociado al adolescente en términos estelares— se despliegue libremente y favorezca el desarrollo del cuerpo mental —una etapa evolutiva clave en la tradición esotérica—, la unidad global se tornará cada vez más esencial, sin que ello implique la eliminación de la diversidad entre países y regiones. Se movilizará una enorme energía en este intento, desafiando estructuras que obstaculicen su consecución.

Por ello, en este largo periodo de tránsito hacia la nueva era, tanto en el plano individual como en el colectivo, se refuerza un atributo de Piscis (signo de la era saliente): la sensación de estar entre dos mundos, uno que se desvanece, más predecible y localista, y otro que emerge, repleto de incertidumbre y expectativas. Neptuno, que transita este signo desde 2011 hasta 2026, está facilitando la síntesis de lo positivo y lo negativo de los últimos 2.000 años, generando fenómenos impredecibles que incluyen formas de mesianismo de todo tipo.

Lo extraordinario del siglo XXI no radicará tanto en los avances científicos anunciadores de Acuario (que, en este periodo concreto, se han centrado en la medicina y la sanidad, impulsados por los tránsitos de Neptuno y Urano en Piscis entre 2004 y 2010), ya que estos no han sido más que una extensión de innovaciones previas que se remontan a 1890, en un proceso análogo al del Renacimiento. Lo verdaderamente transformador será el nuevo statu quo mundial que se consolidará hacia 2060, probablemente impulsado por una reorganización del sistema estadounidense más acorde con su potencial y su influencia, así como por la progresiva integración de las Américas, que continuará acelerándose hasta formalizarse. Mientras tanto, la Europa atlántica desempeñará un papel fundamental en el continente, acorde con la fase de desarrollo de su civilización.

Estas nuevas reglas de juego permitirán que más personas participen en la transformación global y en los beneficios del progreso, delimitando con mayor precisión los ámbitos en los que las

nuevas formulaciones tendrán mayor impacto y continuidad. No obstante, persiste el problema de la desigualdad generalizada, una de las grandes deudas del cambio de siglo.

Es posible que emerja o se consolide una clase social intermedia a nivel global, similar a la actual, aunque con un marco de valores unificado pese a las diferencias regionales. Sin embargo, los desafíos inmediatos serán otros. Si analizamos la evolución de los ciclos planetarios, observamos que, tras una fase de expansión protagonizada por Urano, Neptuno y Plutón (planetas asociados a transformaciones civilizatorias), se ha iniciado un periodo de crisis y reajuste, particularmente desde 2020.

Este declive comenzó con la conjunción de Júpiter y Saturno en 2000 en Tauro, evento que se repite cada veinte años. Entre 2000 y 2003, estos dos planetas mantuvieron una fase de conjunción en Géminis, en ciclos descendentes con Plutón en Sagitario. Esto trajo consigo tensiones globales en temas raciales, religiosos, migratorios y medioambientales, además de la intensificación del terrorismo, la crisis energética y cambios en la regulación del transporte.

El periodo 2004-2005 fue de desilusiones colectivas debido a las tensiones entre Júpiter, Saturno y Neptuno en Acuario. Desde entonces, la incertidumbre se ha convertido en una constante, con un efecto dominó que sigue siendo difícil de revertir. Estas crisis no se manifiestan de forma inmediata, sino que suelen gestarse unos cinco años antes de cada gran conjunción y consolidarse posteriormente.

En este contexto, el periodo 2015-2020 fue particularmente complejo, especialmente en Oriente y en los países surgidos del ciclo descolonizador Urano-Plutón de 1965. Esto sentó las bases para un cambio radical en la economía global, aunque su estabilización no comenzará hasta la conjunción de Júpiter y Saturno en Acuario en 2040. Solo entonces la situación comenzará a reequilibrarse, aunque posiblemente tras un proceso de deterioro significativo.

Desde la perspectiva de mediados del siglo XXI, los primeros veinte años del siglo podrían verse como una especie de "agujero negro" en el que la humanidad atravesó una de sus mayores crisis. Un punto de inflexión que servirá de advertencia para no repetir errores en la gestión de las relaciones humanas, la economía, los recursos y el equilibrio del planeta.

No es la primera vez que esto ocurre, pero sí es la primera vez que sucede a escala realmente planetaria.